개정증보판
서정시학 문학전집 3

백석문학전집 1 시

최동호·김문주·김종훈 엮음

편집위원 : 박미산(시인, 서울디지털대학교 초빙교수)
　　　　　장정희(아동문학가, 경희대학교 연구교수)
　　　　　최진자(서정시학 편집실장)

개정증보판

서정시학 문학전집 3
백석문학전집 1 시

2017년 2월 20일 초판 1쇄 발행

엮 은 이 · 최동호 · 김문주 · 김종훈
펴 낸 이 · 최단아
펴 낸 곳 · 서정시학
편집교정 · 최진자
인 쇄 소 · 서정인쇄

주　　소 · 서울시 성북구 성북로 4길 52 106동 1505호
전　　화 · 02-928-7016
팩　　스 · 02-922-7017
이 메 일 · poemq@dreamwiz.com
출판등록 · 209-91-66271

ISBN 979-11-86667-77-4　　04890
　　　978-89-98845-06-3 (세트)

계좌번호 : 국민은행 070101-04-072847(최단아 서정시학)

값　18,000원

잘못된 책은 바꾸어 드립니다.

백석문학전집 1 시

이 도서의 국립중앙도서관 출판예정도서목록(CIP)은 서지정보유통지원시스템 홈페이지(http://seoji.nl.go.kr)와 국가자료공동목록시스템(http://www.nl.go.kr/kolisnet)에서 이용하실 수 있습니다.(CIP제어번호: CIP2017002426)

아오야마(青山)학원 시절의 백석

백석이 다닌 오산보통학교(1924)

백석의 소설 「그 母와 아들」의 당선 소식을
발표하는 조선일보 기사(1930.1.15)

백석의 친구 신중현과 그의 부인 란

백석 입학 당시의 아오야마(靑山)학원 입구(1931)

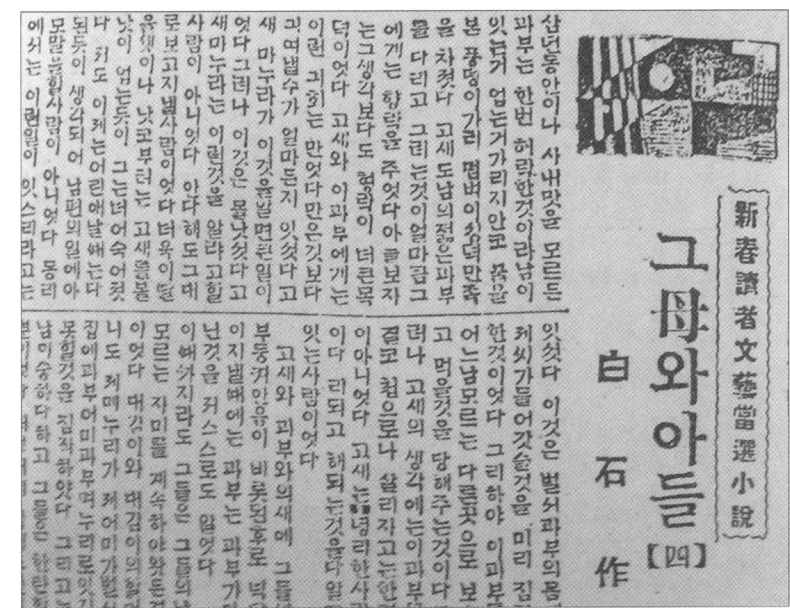

백석의 당선소설 「그母와 아들」(신문연재 4회, 1930)

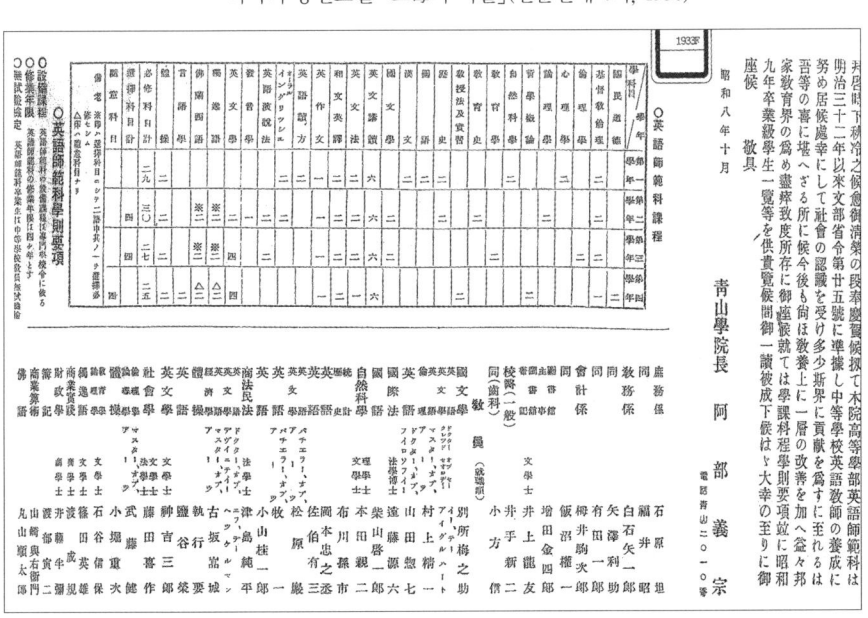

일본 아오야마학원 고등학부 영어사범과 재학시절 이수했던 4년 간의 교과과정 일람표

氏名(年齢)	原籍	出身學校	趣味特技
秋山治行(24)	德島	阿波中	野球、陸上競技
安藤貞行(23)	宮崎	飫肥中	陸上競技
旭太四郎(23)	靜岡	沼津中	庭球、水泳
芦澤俊夫(22)	靜岡	身延中	野球、庭球
千葉孝人(24)	宮城	古川中	庭球、卓球
藤井義三(23)	宮城	仙臺中	陸上競技、ラ式蹴球
福島清(22)	山梨	都留中	水泳、水泳
五明俊光(22)	秋田	明治學院	秀球
後藤利房(21)	長野	長野商	蹴球、秀球
白井芳勇(22)	愛知	五山高等豫修豫	蹴球、自動自轉車
服部正人(25)	新潟	新潟中	野球
廣部正雄(23)	神奈川	柏崎中	スキー、野球
石尾武夫(24)	神奈川	淺野中	陸上競技、野球水泳
池上武次郎(22)	埼玉	水海道中	水泳、登山
伊藤元次(23)	新潟	川越中	庭球
神保幸太郎(24)	富山	湘南中	野球、剣道
工合芳勇(23)	東京	獨遥中	登山、スキー
木平太(24)	青森	東奥義塾	寫眞、散歩
河重治(22)	熊本	九州學院	翠山、野球
松藤義彦(22)	大分	臺南一中	翠山、卓球
松本正吾(25)	東京	釜山中	野球、散歩
浦新七(25)	靜岡	京橋商	珠算、旅行
宮崎喜七(25)			

氏名(年齢)	原籍	出身學校	趣味特技
宮澤和夫(24)	千葉	市原中	讀書、文藝
森保彌吉(25)	長崎	鎮西學院	讀書、青梅(朝鮮)宗教教育
森田渉(22)	靜岡	豆陽中	水泳
盛田國隆(22)	愛知	牛田中	音樂、劍道
本山繁(23)	鹿兒島	沖繩二中	劍道、朝鮮研究
錦織勇(23)	愛知	名古屋中	庭球、開拓
野中亮行(22)	愛知	鹿兒島	政策、園藝、登山
小川忠順(22)	愛媛	青山學院	植物採集、心霊學
太田修(22)	山梨	松山中	庭球
齊藤久間章(22)	山形	白石中	水泳(溢水)
佐々木靖(22)	栃木	鶴岡	水泳、柔道
篠崎正夫(22)	宮城	青山學院	庭球
鈴木靖夫(22)	北海道	栃木中	劍道
高田陸男(23)	宮城	鹿兒島二中	劍道、蹴球、音樂
田下英隆(27)	熊本	巣鴨商業	庭球、醫學
丹成文二郎(24)	茨城	岩見澤中	蹴球
富澤甲二(21)	東京	青山學院中	野球、水泳
梅田輝雄(24)	福島	小松中	野球、馬術
山本文雄(21)	石川	明石中	卓球、野球
山崎朝雄(27)	兵庫	麻布中	野球、陸上競技
梁瀬朝雄(27)	長崎	鎮西學院	庭球、ハイキング

(計四十七名)

1934년 3월 일본 아오야마학언 영어사범과 졸업예정자 일람. 백석 시인의 이름은 상단 11번째로 본명인 백기행(白夔行)으로 되어 있다.

● 교과과정일람표, 졸업예정자 일람표, 고등학부 영어사범과 명단 등은 김숙이씨가 계간 『서정시학』(2010년 봄호)에 제공한 자료들이다.

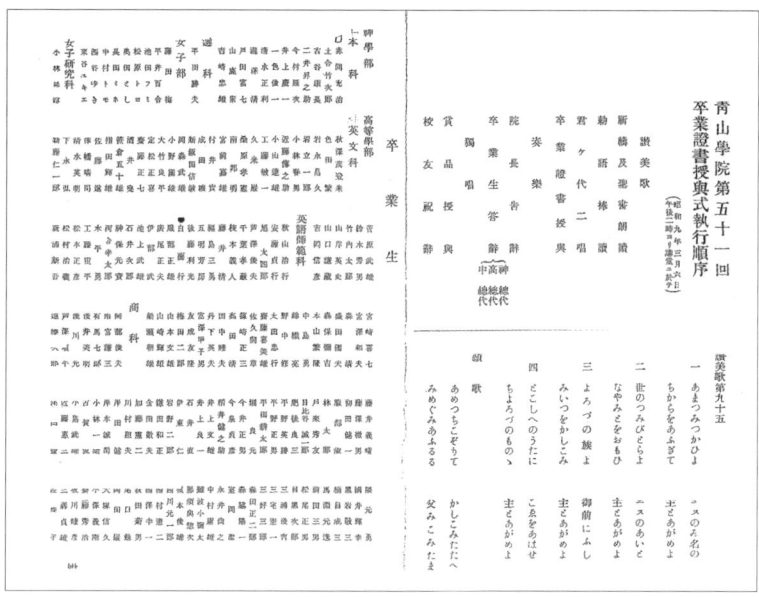

● 표가 되어 있는 고등학부 영어사범과 명단. 본명인 백기행(白夔行)으로 되어 있다.

영생고보 교무실, 백석(左)과
동료 김동명(1936)

고흐의 독특한 머리스타일로 영어 수업하는 백석(1937)

백석 구원의 여인 란(蘭)

백석이 사랑했던 여인 자야(子夜)

영생고보 교정에서의 백석(1937)

백석의 앨범 기념사진(1937)

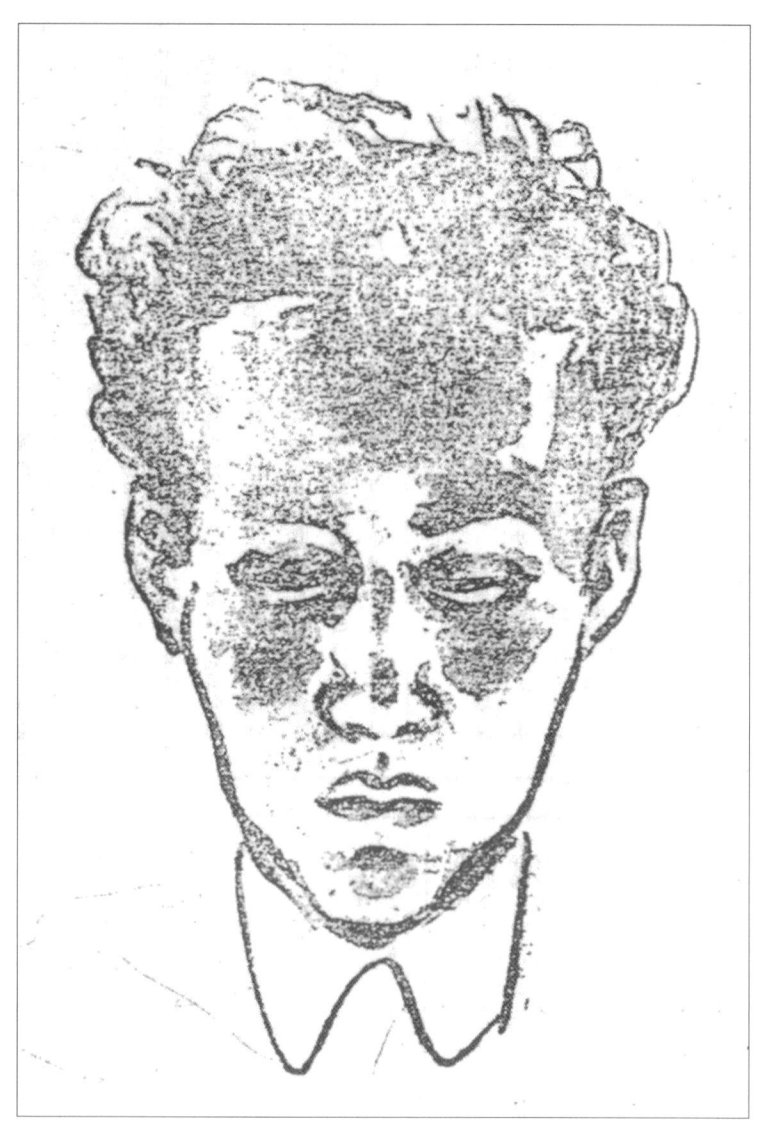

「내가 이렇게 외면하고」(『여성』, 1938.5)와 함께 실린 백석의 초상(김규덕 그림).

이것은 靑年詩人이고 雜誌 女性編輯者 미스터 白石의 푸로필이다. 미스터 白石은 밤루 내 요른쪽 옆에서 深刻한 表情으로 寫眞을 보리기도하고 와리쓰게 도 하고있다. 그래서 나는 밤낮 미스터 白石의 深刻한 푸로필만 보게된다 미스터 白石의 푸로필은 剛毅와 같이 바름답다 미스터 白石은 西班牙사람도 같고 필립핀사람도 같다 미스터 白石도 필립핀女子를 좋아 하는 것 같다 미스터 白石에게 西班牙鬪牛士 옷을 입히면 꼭 어울일것이라고 생각한다 以下略…

『문장』(1939.6) 실린 정현웅 화백의 백석 프로필과 메모

화가 정현웅

백석이 자주 다니던 청진동 골목

백석이 자야(子夜)와 동거했던 청진동 주택(1994년 촬영)

일본 신문에 소개된 자야(子夜) 여사(1944년 촬영)

"백석문학상" 제정 관련 신문 기사
(조선일보, 1997.11)

부인 이윤희씨와 둘째 아들 중축, 막내딸과
함께 찍은 1980년대 중반 가족사진
(동아일보에 송준씨가 제공한 사진)

천 년이고 만 년이고…

백 석

천 년이고 만 년이고 먼먼 옛날에
세상에선 애이야기 하나 전해 가리라.
서쪽 나라들에서는—
「그 옛날 어느 동쪽 나라에…」
동쪽 나라들에서는—
「그 어느 산 높고 물 맑은 나라에…」
그 이야기 허두 이렇게 나오리라.

그러나 그 이야기 하나로 흐르리라

「그 나라는 한때 긴긴 밤의 나라,
그 나라 사람들 광명을 못 보고 헤매였더라.
그 나라 독거미 같은, 승냥이 같은 원쑤들에게 눌려
그 나라 사람들 고통 속에 울었더라.

그 이야기 이렇게 이어 가리라
「그 나마에 한 영웅 태여났더라
지혜와 용기 천하에 비할 데 없이,
나라와 인민에의 사랑 불보다 뜨거웠더라.
그 나라 북쪽 높은 산 우에 갈은 그
눈 속에 자고, 바람을 마시기 열 다섯 해,
드디어 원쑤들의 손에서 잃은 나라 찾고
인민들을 고통에서 구원하였더라.」

그 이야기 또다시 이어 가리라
「영웅은 한 가지 걸리를 믿어 싸웠더라
가난하고 학대 받는 모든 사람들이
이 세상 모든 것의 주인이 되여야 한다는 전리.
이 진리 대로 영웅이 꾸민 나라,
이 나라에 가지가지 기적들 일어 났더라—
산은 옮겨지고, 강들은 산으로 일떠서고
하루 밤새 하늘 닿는 집채 산으로 기척고
하루 낮에 마른 땅은 오곡으로 물결쳤더라.
조화에 찬 기계 소리 이 나라에 울리고
창문마다 이 밤이면 별 아닌 별 밤작였더라.
이리하여 이 나라 사람들
풍성한 살림 속에 노래 부르고 춤추고
자유와 행복을 누리며 나는 새 같았더라.」

수 많은 시인과 력사가와 이야기꾼들은
아름다운 말들로 이 이야기 속의 영웅을
하늘에서 내려 온 사람들이였다고
책님이 낳은 아들이였다고
도는 거룩한 인민의 수명이였다고
도는 위대한 장군이였다고도
그리고 그 말들 모두 사람들께 참된 것들이어마.

서쪽 나라 사람들도, 동쪽 나라 사람들도
천 년, 만 년 이 영웅의 이야기를 전하며
그를 흠모하리라, 존숭하리라,
그리고 이 영웅을 수령으로 받들던 인민을
부러워하시라 축복하리라.

천년이고, 만년이고 먼먼 훗날
이 영웅을 사모하고 존중하는 사람들 속에
내 문득 다시 태여난다면 얼마나 좋으랴!
내 동쪽 나라들에도, 서쪽 나라들에도 가며
내 그들에게 자랑하여 말하리라ㅡ
내가 바로 그 영웅이 세운 나라 사람이였노라고,
내가 그 영웅 위해 싸운 그 영웅의 전사였노라고,
우리 그 이의 얼굴 뵈올 때마다 우리의 심장 높이 뛰였더라고,
그 이의 음성 들을 때마다 우리의 피는 뜨겁게 끓었더라고.

그럴 때면 그 사람들 나의 말을 향하여
열광하는 환호 그칠 줄 모르리니,
이 래일 같은 요란한 소리 자자들 기다려
내 목청 높여 다시 한마디 이을 말ㅡ

ㅡ사람들 다 알지 못할 한마디 말 웨쳐리라ㅡ
「우리들 그 이의 뜻 가는 데 있었노라
우리들 그 이의 마음 속에만 살았노라.
그 이는 우리들의 자유였으며, 행복이였으며
그 이는 우리들의 청춘, 우리들의 사랑,
우리들의 목숨, 우리들의 력사였으며,
이는 우리들의 노래, 그 외 모든 것이였더라!」

『당신이 부르는 길로』(조선로동당 창건 15주년기념시집에 발표된 작품(1960).

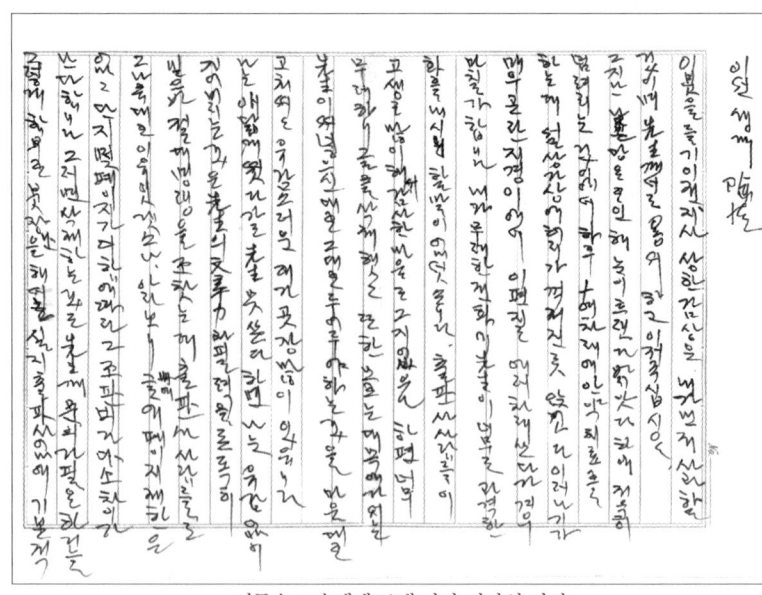

이동순 교수에게 보낸 자야 여사의 편지

자야 여사의 육필원고(『내사랑 백석』, 문학동네, 1995)

동화시집 『집게네 네형제』 표지(조선작가동맹출판사, 1957년판)

개정증보판 서문

『백석문학전집 1 시』의 개정증보판에 대하여

　서정시학에서는 2012년 『백석문학전집 1 시』를 처음 간행하고 뒤이어 2015년 증보판을 출간한 바 있다. 그러나 다시 살펴보니 여러 주석에 대하여 학계의 다양한 견해를 반영하는 새로운 해석이 필요하게 되었고 일부 주석은 다시 본문을 검토하여 적절하게 수정하였다. 이번에 제3판을 간행하게 되어 전반적으로 다시 원문을 대조하고 주석을 추가 보완한 개정증보판을 선보이게 되었다. 완벽한 전집을 간행하기 위한 우리들의 끊임없는 노력의 결과물이다. 물론 여기에 또 다시 수정이 필요하다면 더욱 많은 자료를 검토하고 학계의 의견을 반영할 것이다. 이는 초판을 간행하려던 당시의 우리의 다짐을 실천하는 일이기도 하다.

　2015년 11월부터 개정증보판을 준비하기 위해 김종훈 교수, 박미산 박사, 장정희 박사 등을 새로운 편집위원으로 위촉하고 최진자 편집실장이 함께 하면서 기존의 판본의 오류를 잡도록 노력하였다. 초판의 판본을 근본적으로 다시 검토하고 자료를 다시 수집하고 2016년 12월에 이르기까지 10여 차례 회의를 거듭하여 오늘의 판본에 도달하게 되었다. 여기에는 박태일 교수가 발굴한 「소나기」 1편도 추가했으며 발표지 미확인으로 남아 있던 초기작 「비」와 「힌 밤」도 제자리를 찾아 주었다. 결과적으로 5부로 구성된 이 전집은 다음과 같다.

1부 『사슴』 이전 10편(「비」와 「흰 밤」은 『사슴』에도 수록)
2부 『사슴』　　　　　　33편
3부 『사슴』 이후　　　　64편
4부 분단 이후 동시 동화시　27편
5부 분단 이후의 시　　　20편

이렇게 종합하면 백석의 시는 모두 154편이나 시집 『사슴』과의 중복을 제하면 152편이라고 할 수 있다. 이와 더불어 새로이 추가하고 수정한 주석을 표로 만들어 부록으로 수록하였으니 이를 참고하면 함께 작업한 편집위원들의 노고가 매우 크다는 것을 알 수 있을 것이다.

원문 표기에 있어서도 한자를 그대로 노출시키고 작게 한글 음을 달아 한자를 읽을 수 있도록 했으며 주석도 미주 형식으로 바꾸어 원문을 한 편의 작품으로 읽을 수 있도록 했다. 결과적으로 2012년 초판과는 아주 다른 형태의 판본이 되었지만 초판 작업에 헌신적으로 도움을 주었던 백석 연구의 선구자 이동순 교수에게도 깊은 감사의 마음을 표한다.

물론 아직도 일부 미진한 부분이 남아 있을 것이다. 이는 판을 거듭하면서 바로잡아 나갈 것이다. 보다 완벽한 전집을 향한 우리들의 노력은 앞으로도 계속될 것임을 독자들에게 약속해 둔다.

1936년 『사슴』이 간행된 지 80년 만에 간행되는 이 백석 시 전집이 일반 독자는 물론 연구자들에게도 좋은 길잡이가 되기를 바라는 마음 간절하다.

2016년 12월 9일
최동호 씀

초판 서문

『백석문학전집』을 간행하며

  2012년은 백석 탄생 100년이 되는 해이다. 백석은 새로운 근대 형태의 시가 출현한 지 한 세기 남짓 되는 한국시사에서 문학연구자들과 독서 대중 모두에게 폭넓은 사랑을 받고 있는 최고의 시인이다. 오늘날 우리 시대 문인들이 가장 좋아하는 시인이기도 한 백석의 시는 우리말의 다양한 시적 가능성을 열어 보임으로써 후대의 시인들에게 많은 영감과 상상력을 불어넣는 서정적 감성의 진원지震源地이다. 자연스러우면서도 깊은 울림을 주는 그의 독백의 어투와 독특한 서정의 어법, 그의 고향 정주의 토속어들이 엮어내는 행복한 습속習俗의 풍경은 한국시사의 가장 아름다운 진경珍景을 펼쳐 보여준다. 수많은 시들이 명멸하는 시단에서 더욱 빛을 발하는 그의 시들은 시대를 뛰어넘는 생생한 시적 감성으로서 한국시의 영토를 확장하고자 하는 시적 욕망에 가장 풍요로운 자양이 되고 있다.

  백석 탄생 100주년을 맞이하여 백석 문학의 전체 지형을 조망하고자 그의 시와 산문을 비롯하여 번역 글을 총 망라하는 전집을 기획하였다. 우리는 이 백석문학전집이 한국문학사의 가려진 맥락을 복기하고 한국문학의 새로운 전통을 모색하는 데 중요한 영감을 제공할 것이라 생각한다.

시집 『사슴』을 비롯해 이제까지 밝혀진 백석의 시 전체를 정리하여 편집자의 어휘 풀이를 달아 한 권에 묶고, 새롭게 발굴한 많은 자료들을 포함하여 또 한 권의 산문집으로 묶었다. 그의 번역시와 번역산문은 종류별로 묶어 차례대로 간행하고자 한다. 전문연구자들과 일반인들이 함께 접근할 수 있도록 최대한 원문에 가까우면서도 읽는 데 어려움이 없도록 편집하고자 노력했다.

서정시학사에서는 이미 『백석 시 읽기의 즐거움』(2006)을 간행한 바 있으며, 이후 지속적으로 백석 관련 자료를 수집해 왔다. 그 첫 결실이라고 할 수 있는 『백석문학전집 1 시』와 『백석문학전집 2 산문·기타』가 한국문학 연구자들에게는 꼭 필요한 자료가 되고, 독서 대중에게는 백석 문학의 향취를 유감없이 만끽하는 장場이 되길 진심으로 바라는 바이다.

2012년 초봄
서정시학 백석문학전집 편집위원회.

◈ 일러두기 ◈

1. 이 책은 시집 『사슴』을 포함하여 지금까지 알려진 백석의 시 전편을 편집자 어휘 풀이와 함께 수록한 시詩전집이다.

2. 총 5부로 구성되어 있으며, 1부는 『사슴』 이전에 발표한 작품을 발표순으로 정리하되 시집에 재수록된 경우 최초 발표 형태로 수록하였다. 2부는 『사슴』의 시들을 그대로 수록하였으며, 3부는 『사슴』 이후부터 분단 이전까지의 작품을 발표순으로 정리하였다. 4, 5부는 분단 이후의 작품을 둘로 나누어 실었는데, 4부는 동시와 동화시를, 5부는 그 외의 시들을 수록하였다.

3. 편집자 어휘 풀이는 종전까지의 연구 성과를 두루 살펴 작품의 맥락에 가장 적절하다고 판단되는 뜻을 고려하여 정리하였다. 어휘 풀이에서 참고한 서적은 아래와 같다.

김이협 편저, 『평북방언사전』, 한국정신문화연구원, 1981.
사회과학원언어연구소편, 『조선말대사전』, 사회과학출판사, 1992.
연변사회과학원언어연구소편, 『조선말사전』, 연변인문출판사, 1992.
이동순 편, 『백석시전집』, 창작과비평사, 1987.
송 준 편, 『백석시전집』, 학영사, 1995.
이지나 저, 『백석시의 원전비평』, 깊은샘, 2006.

고형진 편, 『정본백석시집』, 문학동네, 2007.
이숭원 저, 『백석을 만나다』, 태학사, 2008.
현대시비평연구회편 『다시 읽는 백석 시』 소명출판, 2014.
고형진 『백석 시의 물명고』, 고려대출판부, 2015.

  4. 작품의 표기와 띄어쓰기는 원문의 형태를 최대한 존중하되, 오독의 우려가 있거나 명백한 오식이라고 판단된 경우 이를 수정하였다.
  5. 『사슴』에 수록된 작품은 출전을 따로 밝히지 않았으며 그 외 작품들은 작품 말미에 발표 지면과 시기를 부기하였다.
  6. 부록에는 시집 간행 후기, 작가의 생애 연보와 작품 연보를 차례대로 수록하였다. 또한 초판의 주석 정정표를 수록하였다.

차 례

개정증보 머리말 / 21

일러두기 / 23

제1부 『사슴』 이전의 시

定州城^{정주성} … 33
山地^{산지} … 34
酒幕^{주막} … 35
비 … 36
나와 지렝이 … 37

늙은 갈대의 獨白^{독백} … 38
여우난곬族^족 … 40
統營^{통영} … 42
힌밤 … 43
古夜^{고야} … 44

제2부 시집 『사슴』(1936.1)

얼럭소새끼의 영각
가즈랑집 … 51
여우난곬族^족 … 54
고방 … 57
모닥불 … 59

古夜^{고야} … 60
오리망아지토끼 … 63

돌덜구의물
初冬日^{초동일} … 67
夏畓^{하답} … 68

酒幕^{주막} … 69
寂境^{적경} … 70
未明界^{미명계} … 71
城外^{성외} … 72
秋日山朝^{추일산조} … 73
曠原^{광원} … 74
힌밤 … 75

노 루
靑柿^{청시} … 79
山^산비 … 80
쓸쓸한길 … 81
柘榴^{석류} … 82
머루밤 … 83
女僧^{여승} … 84

修羅^{수라} … 85
비 … 87
노루 … 88

국수당넘어
절간의소이야기 … 91
統營^{통영} … 92
오금덩이라는곧 … 93
柿崎^{가기사키}의 바다 … 95
定州城^{정주성} … 96
彰義門外^{창의문외} … 97
旌門村^{정문촌} … 98
여우난곬 … 100
三防^{삼방} … 102

제3부 『사슴』 이후의 시

統營^{통영} … 105
오리 … 108
연자ㅅ간 … 110
黃日^{황일} … 112
湯藥^{탕약} … 114
伊豆國湊街道^{이즈노쿠니노미나토카이도} … 115
昌原道^{창원도}－南行詩抄^{남행시초} 1 … 116
統營^{통영}－南行詩抄^{남행시초} 2 … 118
固城街道^{고성가도}－南行詩抄^{남행시초} 3
　　　　　　　　　　… 119
三千浦^{삼천포}－南行詩抄^{남행시초} 4 … 120

함주시초
• 北關^{북관} … 121

• 노루 … 122
• 古寺^{고사} … 124
• 膳友辭^{선우사} … 126
• 山谷^{산곡} … 128
바다 … 130
丹楓^{단풍} … 132
秋夜一景^{추야일경} … 133

山中吟^{산중음}
• 山宿^{산숙} … 134
• 饗樂^{향악} … 135
• 夜半^{야반} … 136
• 白樺^{백화} … 137
나와 나타샤와 힌당나귀 … 138

夕陽^{석양} … 140
故鄕^{고향} … 142
絶望^{절망} … 144
개 … 145
외가집 … 146
내가생각하는것은 … 148
내가이렇게외면하고 … 150

물닭의 소리
- 三湖^{삼호} … 151
- 物界里^{물계리} … 152
- 大山洞^{대산동} … 153
- 南鄕^{남향} … 155
- 夜雨小懷^{야우소회} … 156
- 꼴두기 … 157

가무래기의 樂^낙 … 159
멧새 소리 … 160
박각시 오는 저녁 … 161
넘언집 범같은 노큰마니 … 162
童尿賦^{동뇨부} … 165
安東^{안동} … 167
咸南道安^{함남도안} … 169

球場路^{구장로}―西行詩抄^{서행시초} 1 … 171
北新^{북신}―西行詩抄^{서행시초} 2 … 173
八院^{팔원}―西行詩抄^{서행시초} 3 … 174
月林^{월림장}―西行詩抄^{서행시초} 4 … 176
木具^{목구} … 178
수박씨, 호박씨 … 180
北方^{북방}에서 … 182
許俊^{허준} … 185
『호박꽃 초롱』序詩^{서시} … 188
歸農^{귀농} … 190
국수 … 193
흰 바람벽이 있어 … 196
촌에서 온 아이 … 198
澡塘^{조당}에서 … 200
杜甫^{두보}나 李白^{이백} 같이 … 202
머리카락 … 204
山^산 … 206
적막강산 … 208
마을은 맨천 구신이 돼서 … 210
七月^{칠월} 백중 … 212
南新義州柳洞朴時逢方^{남신의주 유동 박시봉방} … 215

제4부 분단 이후의 동시·동화시

병아리싸움 … 221
까치와 물까치 … 223
지게게네 네 형제 … 229
우레기 … 235
굴 … 237
계월향 사당 … 239

『집게네 네 형제』(1957)
- 집게네 네형제 … 240

- 쫓기달래 … 246
- 오징어와 검복 … 250
- 개구리네 한솥 밥 … 259
- 귀머거리 너구리 … 272
- 산'골총각 … 279
- 어리석은 메기 … 292
- 가재미와 넙치 … 299
- 나무 동무 일곱 동무… 304
- 말똥굴이 … 321
- 배군과 새 세 마리… 325
- 준치가시 … 331
- 소나기 … 334
- 메'돼지 … 335
- 강가루 … 336
- 기린 … 337
- 산양 … 338
- 감자 … 339
- 오리들이 운다 … 340
- 송아지들은 이렇게 잡니다 … 341
- 앞산 꿩, 뒤'산 꿩… 342

제5부 분단 이후의 시

등고지 … 345
제3인공위성 … 347
이른 봄 … 349
공무 려인숙 … 351
갓나물 … 353
공동식당 … 355
축복 … 357
하늘 아래 첫 종축 기지에서 … 359
돈사의 불 … 362
눈 … 364

전별 … 367
천 년이고 만 년이고… 370
탑이 서는 거리 … 373
손'벽을 침은 … 376
돌아온 사람 … 378
석탄이 하는 말 … 381
강철 장수 … 384
사회주의 바다 … 387
조국의 바다여 … 390
나루터 … 393

■ 생애연보 生涯年譜 … 4397
■ 작품연보 作品年譜 … 400
■ 증보판 후기 / 증보판을 간행하며 … 407
■ 각주 정정 대조표 … 408

제1부

『사슴』 이전의 시

정주성定州城*

山산턱 원두막은 뷔엿나 불비치외롭다
헌겁심지에 아즈까리 기름의
쪼 는소리가 들리는듯하다

잠자리 조을든 문허진城성터
반디불이난다 파란魂혼들갓다
어데서 말잇는듯이 크다란 山새 한머리가
어두운 골작이로 난다

헐리다 남은城성門문이
한울빗가티 훤 하다
날이밝으면 또 메기수염의늙은이가
청배를팔러 올것이다

— 『朝鮮日報』(1935.8.30)

* 『사슴』에 수록되면서 1연은 2행으로, 2·3연은 3행으로 각각 1행씩 줄었다.

산지(山地)*

갈부던같은 藥水(약수)터의 山(산)거리
旅人宿(여인숙)이 다래나무지팽이와같이 많다

시내ㅅ물이 버러지소리를하며 흐르고
대낮이라도 山옆에서는
승냥이가 개울물 흐르듯 운다

소와말은 도로 山으로 돌아갔다
염소만이 아직 된비가오면 山개울에놓인다리를건너 人家(인가)근처로 뛰여온다

벼랑탁의 어두운 그늘에 아츰이면
부헝이가 무거웁게 날러온다
낮이되면 더무거웁게 날러가버린다

山너머十五里(십오리)서 나무뎅치차고 싸리신신고 山비에촉촉이 젖어서 藥(약)물을 받으러오는 山아이도 있다

아비가 앓른가부다
다래먹고 앓른가부다

아래ㅅ마을에서는 애기무당이 작두를타며 굿을하는때가 많다
—『朝光(조광)』(1935.11)

* 이 시는 내용이 대폭 수정되어 「삼방(三防)」이라는 제목으로 시집 『사슴』에 수록되었다.

酒幕^{주막}

호박닢에싸오는 붕어곰은 언제나 맛있었다

부엌에는 빩앟게질들은 八^팔모알상이 그 상웋엔 새파란싸리를그린 눈 알만한 盞^잔이뵈였다

아들아이는 범이라고 장고기를 잘잡는 앞니가빠들어진 나와동갑이었다

울파주밖에는 장군들을따러와서 엄지의젖을빠는 망아지도있었다

—『朝光』(1935.11)

비

아카시아들이 언제 힌두레방석을 깔었나
어디로부터 물쿤 개비린내가온다

―『朝光』1권 1호(창간호, 1935.11)

나와 지렝이

내 지렝이는
커서 구렁이가 되었읍니다.
천년동안만 밤마다 흙에 물을주면 그흙이 지렝이가 되었읍니다.
장마지면 비와같이 하눌에서 날여왔읍니다.
뒤에 붕어와 농다리¹의 미끼가 되었읍니다.
내 리과책에서는 암컷과 숫컷이있어서 새끼를 나헛습니다.
지렝이의눈이 보고싶읍니다.
지렝이의 밥과집이 부럽습니다.

― 『朝光』(1935.11)

---

¹ **농다리** : 농엇과에 속하는 고기로써 꺽지와 비슷하게 생긴 민물고기.

늙은갈대의獨白독백*

해가진다 갈새¹는 얼마아니하야 잠이들다
물닭²도 쉬이 어늬 낯설은 논드렁에서 돌아온다
바람이 마을을오면 그때 우리는 설게 늙음의이야기를편다

보름밤이면
갈거야³와함께 이 언덕에서 달보기를한다
江강물과같이 세월歲月의노래를부른다
새우들이 마름잎새에 올라앉는 이때가 나는좋다

어늬處女처녀가 내닢을따 갈부던을⁴ 결었노
어늬동자童子가 내잎닢⁵따 갈나발⁶을 불었노
어늬기러기내순한대를 입에다 물고갔노
아 어늬太公望태공망⁷이 내젊음을 낚어갔노

이몸의매딥매딥⁸
잃어진사랑의허물자국
별많은 어늬밤 江을날여⁹ 강다리ㅅ배¹⁰의 갈대피리
비오는어늬아침 나루ㅅ배나린¹¹길손의 갈대지팽이
모다 내사랑이었다

해오라비조는곁에서
물뱀의새끼를업고 나는꿈을꾸었다
—벼름질¹²로 돌아오는낫이 나를다리려왔다
달구지타고 山산골로 삿자리의 벼슬¹³을갔다.　　　　—『朝光』(1935.11)

* 이 시는 '白汀백정'이란 이름으로 『朝光』(1935.11)에 발표된 작품이다. 이숭원은 당시 백석이 『朝光』의 실무편집을 맡고 있었고 시의 분위기와 어휘 등의 유사성을 들어 백석의 작품으로 추정하였다. 이 시가 실린 지면에는 백석의 「山地산지」, 「酒幕주막」, 「나와 지렝이」 등의 작품도 수록되어 있다.

[1] **갈새** : 개개비. 주로 갈대숲에 서식하여 갈새라고 불린다.
[2] **물닭** : 호숫가나 습지에 서식하는 뜸부깃과의 새.
[3] **갈거이** : '갈게'의 평안 방언. 바위겟과의 하나. 등딱지의 길이는 2~5cm 폭은 3cm 정도이며 개펄이나 갈대밭에 구멍을 파고 사는데, 다른 것에 비하여 털이 적어 매끈하게 보인다. 가을에 나오는 게를 지칭할 때 쓰이기도 하며, 봄에 나오는 게는 '칠게'라고 부른다.
[4] **갈부던** : 갈보전. 갈대로 만든 삿자리. 갈대를 엮어서 만든 자리.
[5] **잎닢** : 잎잎. 풀잎피리. 두 입술 사이에 풀잎을 대거나 물고 부는 것.
[6] **갈나발** : 갈잎으로 만든 나발.
[7] **태공망太公望** : 중국 주周나라의 재상인 강태공이 낚시질을 즐겼다는 데서 유래하여 '낚시를 좋아하는 사람'을 뜻함.
[8] **매딥매딥** : 마디마디.
[9] **날여간** : 내려간 또는 날아간.
[10] **강다리ㅅ배** : 강 다릿배. 다릿배는 종아리의 함남방언으로 강의 부룩한 곳.
[11] **나린** : 내린.
[12] **−벼름질** : 베름질. 날카롭게 날을 가는 행위.
[13] **벼슬** : 존칭의 대체어. 베다의 존칭. 홍역이나 마마는 치명적인 병이었다. 두창을 마마라 한 것은 최상의 존칭을 뜻하듯이 홍역이나 마마를 앓는 아이에게 벼슬을 한다고 말했다. 직접적으로 말을 하면 부정 탈까봐 존칭을 써서 표현했는데 이 경우 산에도 산신령이 있어 자르거나 벤다는 것은 노여워할지 몰라 벼슬 간다고 한 듯하다.

여우난곬族족

명절날나는 엄매아배따라 우리집개는나를따라 진할마니진할아바지가 있는큰집으로가면

얼굴에 별자국이솜솜난 말수와같이눈도껌벅거리는 하로에베한필을짠다는 벌하나건너집엔 복숭아나무가많은 新里신리고무 고무의딸李女이녀 작은李女

열여섯에 四十사십이넘은호라비의 후처가된 포족족하니성이잘나는 살빛이매감탕같은 입술과젖꼭지는더깜안 예수쟁이마을가까이사는 土山토산고무 고무의딸承女승녀 아들承승동이

六十里육십리라고해서 파랗게뵈이는山산을넘어있다는 해변에서 과부가된 코끝이빩안 언제나힌옷이정하든 말끝에설게 눈물을짤때가많은 큰곬고무 고무의딸洪女홍녀 아들洪홍동이 작은洪동이

배나무접을잘하는 주정을하면 토방돌을뽑는 오리치를잘놓는 먼섬에 반디젓담으려가기를좋아하는 삼춘 삼춘엄매 사춘누이 사춘동생들

이 그득히들 할마니할아바지가있는 안간에들몽여서 방안에서는 새옷의내음새가나고

또 인절미 송구떡 콩가루차떡의내음새도나고 끼때의 두부와 콩나물과 볶은잔디와 고사리와 도야지비게는 모두 선득선득하니 찬것들이다

저녁술을놓은아이들은 외양간섶 밭마당에달린 배나무동산에서 고양이잡이를하고 숨굴막질을하고 꼬리잡이를하고 가마타고시집가는노름 말타고장가가는노름을하고 이렇개 밤이어둡도록 북적하니논다

밤이깊어가는집안엔 엄매는엄매들끼리 아르간에서들웃고 이야기하고 아이들은 아이들끼리 웃간한방을잡고 조아질하고 쌈방이굴리고 바리깨돌림하고 호박떼기하고 제비손이구손이하고 이렇게 화디의사기방등에 심지를몇번이나독구고 홍게닭이몇번이나울어서 조름이오면 아릇목싸움 자리싸움을하며 히드득거리다잠이든다. 그래서는 문창에 텅납새의그림자가치는아츰 시누이동세들이 욱적하니 흥성거리는 부엌으론 샛문틈으로 장지문틈으로 무이징게국을끄리는 맛있는내음새가 올라오도록잔다.

— 『朝光』(1935.12)

統營^{통영}*

넷날엔 統制使^{통제사}가있었다는 낡은港口^{항구}의 처녀들에겐 넷날이가지않은 千姬^{천희}라는이름이많다

미역오리같이말라서 굴껍지처럼말없이 사랑하다죽는다는

이千姬의하나를 나는어늬오랜客主^{객주}집의 생선가시가있는마루방에서 맞났다

저문六月^{유월}의 바다가에선조개도울을저녁 소라방등이붉으레한뜰에 김냄새나는실비가날였다

— 『朝光』(1935.12)

* 『사슴』에 수록되면서 '뜰'이 '마당'으로, '실비'가 '비'로 바뀌었다.

힌밤

녯城성의돌담에 달이올랐다
묵은초가집웅에 박이
또하나달같이 하이얗게빛난다
언젠가 마을에서 수절과부하나가 목을매여죽은밤도 이러한밤이었다

―『朝光』1권 2호(1935.12)

古夜^{고야}

　　아배는타관가서오지않고 山비탈외따른집에 엄매와나와단둘이서 누가 죽이는듯이 무서운밤 집뒤로는 어느山골짝이에서 소를잡어먹는노나리군 들이 도적놈들같이 쿵쿵거리며다닌다

　　날기명석을저간다는 닭보는할미를차굴린다는 땅아래 고래같은기와집 에는 언제나니차떡에 청밀에 은금보화가그득하다는 외발가진조마구 뒷山 어느메도 조마구네나라가있어서 오줌누러깨는재밤 머리ㅅ맡의문살에대 인유리창으로 조마구군병의 새깜안대가리 새깜안눈알이드려다보는때 나 는이불속에 자즈러붙어 숨도쉬지못한다

　　또 이러한밤같은때 ― 시집갈처녀 망내고무가 고개넘어큰집으로 치장 감을가지고와서 엄매와둘이 소기름에쌍심지의 불을밝히고 밤이들도록 바 느질을하는밤같은때 나는아랫목의살귀를들고 쇠듯밤을내여 다람쥐처럼 밝어먹고 은행여름을인두불에 구어도먹고 그러다는 이불웋에서 광대넘이 를뒤이고 또놓어굴면서 엄매에게 옹목에두른평풍의 새빩안천두의이야기 를 듣기도하고 고무더러는 밝는날 멀리는못난다는뫼추라기를잡어달라고 졸으기도하고

　　내일같이명절날인밤은 부엌에쩨듯하니 불이밝고 솥뚜껑이놀으며 구수 한내음새 곰국이무르끓고 방안에는 일가집할머니도와서 마을의소문을펴 며 조개송편에 달송편에 죈두기송편에 떡을빛는곁에서 나는 밤소 팥소 설탕든콩가루소를먹으며 설탕든콩가루소가 가장맛있다고 생각한다.
　　나는 얼마나반죽을 주물으며 힌가루손이되여 떡을 빚고싶은지 모른다

섯달에내빌날이들어서 내빌날밤에 눈이오면 이밤엔 쌔하야한할미귀신의 눈귀신도 내빌눈을받노라 못난다는말을 든든이여기며 엄매와나는 앙궁웋에 떡돌웋에 곱새담웋에 함지에 버치며 대냥푼을놓고 치성이나드리듯이 정한마음으로 내빌눈 약눈을 받는다 이눈세기물을 내빌물이라고 제주병에 진상항아리에 채워두고는 해를묵여가며 고뿔이와도 배앓이를해도 갑피기를 앓어도 먹을물이다

— 『朝光』(1935.12)

제2부

시집 『사슴』(1936.1)

얼럭소새끼의영각

가즈랑집[1]

승냥이가새끼를치는 전에는쇠메듦도적이났다는 가즈랑고개

　가즈랑집은 고개밑의
　山넘어마을서 도야지를 잃는밤 즘생을쫓는 깽제미소리가 무서웁게 들려오는집
　닭개즘생을 못놓는[4]
　멧도야지와 이웃사춘을지나는[5] 집

　예순이넘은 아들없는가즈랑집할머니는 중같이정해서[6] 할머니가 마을을가면 긴 담배대에 독하다는막써레기를[7] 몇대라도 붗이라고하며

　간밤엔 섬돌아래 승냥이가왔었다는이야기
　어느메山곬에선가 곰이 아이를본다는이야기

　나는 돌나물김치에 백설기를먹으며
　넷말의구신집에있는듯이
　가즈랑집할머니
　내가날때 죽은누이도날때
　무명필에 이름을써서 백지달어서 구신간시렁[8]의 당즈깨[9]에넣어 대감님께 수영을들였다는[10] 가즈랑집할머니
　언제나병을앓을때면
　신장님달련이라고하는[11] 가즈랑집할머니
　구신의딸이라고생각하면 슳버[12]졌다

토끼도살이올은다는때 아르대[13]즘퍼리[14]에서 제비꼬리 마타리 쇠조지 가지취 고비 고사리 두릅순 회순[15] 山나물을하는 가즈랑집할머니를 딸으며
　　나는벌서 달디단물구지우림[16] 둥굴네우림[17]을 생각하고
　　아직멀은 도토리묵 도토리범벅까지도 그리워한다

　　뒤우란 살구나무아레서 광살구[18]를 찾다가
　　살구벼락을맞고 울다가웃는나를보고
　　미꾸멍에 털이멫자나났나보자고한것은 가즈랑집할머니다
　　찰복숭아를먹다가 씨를삼키고는 죽는것만같어 하로종일 놀지도못하고 밥도안먹은것도
　　가즈랑집에 마을을가서[19]
　　당세[20]먹은강아지같이 좋아라고집오래[21]를 설레다가였다

[1] **가즈랑집** : '가즈랑'은 고개이름. '가즈랑집'은 할머니의 택호宅號
[2] **쇠메** : 쇠로 만든 메. 묵직한 쇠토막에 구멍을 뚫고 자루를 박은 연장.
[3] **깽제미** : '꽹과리'의 평북방언.
[4] **못놓는** : 놓아 키우지 못하는.
[5] **지나는** : 지내는.
[6] **정해서** : 깨끗하고 단정해서.
[7] **막써레기** : 거칠게 막 썰어놓은 담뱃잎
[8] **구신간시렁** : 귀신을 모셔놓은 시렁.
[9] **당즈깨** : 당지깨. 고리버들이나 대오리를 길고 둥글게 엮어 만든 작은 고리짝. '고리짝'의 방언.
[10] **수영을들였다** : 수양收養을 들였다. 대감님의 자식으로 입양되었다는 뜻.
[11] **신장님달련이라고하는** : 귀신 가운데 무력을 맡은 신장神將님이 시달리게 한다는.
[12] **슳버** : '슳다'는 '슬프다'의 옛말.

¹³ **아르대** : 아래대, '아래쪽'의 평북방언.
¹⁴ **즘퍼리** : 즌퍼리, 진펄의 옛말, 땅이 질어 질퍽한 벌.
¹⁵ **제비꼬리 마타리 쇠조지 가지취 고비 고사리 두릅순 회순** : 식용 산나물의 이름들.
¹⁶ **물구지우림** : 물구지(애기물구지)를 달인 물.
¹⁷ **둥굴네우림** : 둥굴레의 뿌리를 달인 물.
¹⁸ **광살구** : 농익어서 저절로 떨어진 살구.
¹⁹ **마을을가서** : 마실을 가서.
²⁰ **당세** : '당수'의 방언. 곡식을 물에 불려서 간 가루나 마른 메밀가루에 술을 조금 넣고 물을 부어 미음같이 쑨 음식.
²¹ **집오래** : 집 주변.

여우난곬족族

　명절날나는 엄매아배따라 우리집개는 나를따라 진할머니 진할아버지가있는 큰집으로가면

　얼굴에별자국이솜솜난 말수와같이눈도 껌벅걸이는 하로에베한필을짠다는 벌하나건너집엔 복숭아나무가많은 新里신리고무 고무의딸李女이녀 작은李女
　열여섯에四十사십이넘은홀아비의 후처가된 포족족하니 성이잘나는 살빛이매감탕같은 입술과 젓꼭지는더깜안 예수쟁이마을이 가까이사는 土山토산고무 고무의딸承女승녀 아들承동이
　六十里육십리라고해서 파랗게뵈이는山산을넘어있다는 해변에서 과부가된 코끝이빩안 언제나힌옷이정하든 말끝에설게 눈물을짤때가많은 큰곬 고무 고무의딸洪女홍녀 아들洪동이 작은洪동이
　배나무접을잘하는 주정을하면 토방돌을뽑는 오리치를잘놓는 먼섬에 반디젓담그려가기를좋아하는삼춘 삼춘엄매 사춘누이 사춘동생들

　이그득히들 할머니할아버지가있는 안간에들몽여서 방안에서는 새옷의내음새가나고
　또 인절미 송구떡 콩가루차떡의내음새도나고 끼때의두부와 콩나물과 볶은 잔디와 고사리와 도야지비게는모두 선득선득하니 찬것들이다

　저녁술을놓은아이들은 외양간섶 밭마당에달린 배나무동산에서 쥐잡이를하고 숨굴막질을하고 꼬리잡이를하고 가마타고시집가는 노름 말타고장가가는노름을하고 이렇게 밤이어둡도록 북적하니논다

밤이깊어가는집안엔 엄매는엄매들끼리 아르간29에서들웃고 이야기하고 아이들은 아이들끼리 웅간한방을잡고 조아질30하고 쌈방이31굴리고 바리깨돌림32하고 호박떼기33하고 제비손이구손이34하고 이렇게화디35의사기방등36에 심지를 몇번이나독구고 홍게닭37이몇번이나울어서 조름이오면 아릇목싸움 자리싸움을하며 히드득거리다 잠이든다 그래서는 문창에 텅납새38의그림자가치는아츰 시누이동세들이 욱적하니 흥성거리는 부억으론 샛문틈으로 장지문틈으로 무이징게국을39끄리는 맛있는내음새가 올라오도록잔다

---

[1] **여우난곬** : '여우가 자주 출현한 골짜기'라는 뜻에서 유래한 마을이름으로 짐작된다.
[2] **아배** : '아버지'의 방언.
[3] **진할머니** : 친할머니.
[4] **진할아버지** : 친할아버지.
[5] **별자국** : 마마자국.
[6] **솜솜** : 얼굴에 잘고 얕게 얽은 자국이 듬성듬성 있다.
[7] **말수와같이** : 말할 때마다.
[8] **李女** : 평북 지방에서 아이를 지칭할 때 사용하는 애칭이다. 이가 李家일 경우 아들아이는 '李동이,' 딸아이는 '李女'라고 부른다.
[9] **포족족하니** : '포르족족하다'의 변형. 칙칙하고 고르지 아니하게 파르스름하다.
[10] **매감탕** : 엿을 고아내거나 메주를 쑤어 낸 솥에 남은 진한 갈색의 걸쭉한 물.
[11] **예수쟁이 마을** : 기독교 초기 유입 시절, 두만강이나 압록강 연안지대에 동네의 대다수 사람들이 기독교를 신앙하던 마을.
[12] **정하든** : 깨끗하던.
[13] **설게** : 서럽게.
[14] **배나무접** : 배나무의 품종 개량이나 번식을 위하여 한 나무에 다른 나무의 가지나 눈을 따다 붙이는 일.
[15] **토방돌** : 댓돌.
[16] **오리치** : 올가미, 평북지방의 토속적인 사냥용구, 동그란 갈고리 모양으로 된 야

생오리를 잡는 도구.
17 반디젓 : '밴댕이젓'의 평북방언.
18 안간 : 한 집에 안팎 두 채 이상의 건물이 있을 때 안쪽에 있는 건물을 이르는 말.
19 송구떡 : 송기松肌떡, 소나무의 속껍질을 물에 담가 송진을 우려낸 다음, 멥쌀가루와 섞어 절구에 찧은 뒤에 만들어진 반죽을 솥에 쪄내어 떡메로 쳐서 만든 떡.
20 콩가루차떡 : 콩가루를 무친 찰떡.
21 끼때 : 끼니때.
22 잔디 : 잔대. 산야에서 자라는 여러해살이풀로 더덕처럼 생긴 뿌리를 식용한다.
23 저녁술 : 저녁밥을 먹는 숟가락.
24 외양간섶 : 외양간 옆. '섶'은 '옆'의 방언.
25 원본에서는 "쥐잡이를 하고"부터 행을 바꾸되 들여쓰기를 하여 내부의 독립된 행으로 처리하고 있다.
26 숨굴막질 : 숨바꼭질의 평안방언.
27 꼬리잡이 : 앞 사람의 허리를 잡고 일렬로 늘어선 대열의 맨 끝 사람을 정해진 술래나 상대편이 잡는 놀이.
28 북적하니 : 많은 사람이 한곳에 모여 수선스럽게 움직이는 모양.
29 아르간 : 아랫간.
30 조아질 : 공기놀이.
31 쌈방이 : 주사위 같은 것으로 평북 지방의 놀이 도구.
32 바리깨돌림 : '바리깨'는 주발 뚜껑으로 이것을 팽이처럼 돌리며 노는 일.
33 호박떼기 : 앞사람의 허리를 잡고 한 줄로 늘어서서 상대 대열의 끝에 붙어 있는 아이호박을 대열로부터 떼어 놓는 놀이.
34 제비손이구손이 : 서로 마주 앉아 다리를 엇갈리게 끼우고 손으로 다리를 차례로 세며 노래를 부르는 놀이. 평안도에서는 "한알때 두알때 상사네 네비 오드득 뽀드득 제비손이 구손이 종제비 빠땅"이라고 부르는데, 뽑힌 순서에 따라 평양감사, 사령, 개, 도둑 등을 정하여 역할놀이를 한다.
35 화디 : 나무나 놋쇠 같은 것으로 만든 등잔을 얹어놓는 기구. 평북방언.
36 사기방등 : 사기로 만든 등잔. '방등'은 '등잔'의 평안방언.
37 홍계닭 : 홍계紅鷄. 붉은 색깔의 닭으로 새벽에 자주 우는 수탉.
38 텅납새 : 청납새. 네모지고 끝이 번쩍 들린, 처마의 네 귀에 있는 큰 서까래. '추녀'의 평안방언.
39 무이징게국 : 징게(민물새우)에 무를 썰어 넣어 끓인 국. '징게'는 민물새우의 경기방언.

고방

낡은질동이²에는 갈줄모르는늙은집난이³같이 송구떡이오래도록 남어있었다

오지항아리⁴에는 삼춘이밥보다좋아하는 찹쌀탁주가있어서
삼춘의임내⁵를내어가며 나와사춘은 시큼털털한 술을 잘도채어먹었다

제사ㅅ날이면 귀먹어리할아버지가예서⁶ 왕밤을밝고⁷ 싸리꼬치에 두부산적을께었다⁸

손자아이들이 파리떼같이몰이면 곰의발같은손을 언제나 내어둘렀다

구석의나무말쿠지⁹에 할아버지가삼는 소신같은 집신이 둑둑이¹⁰걸리어도있었다

넷말¹¹이사는컴컴한고방의쌀독뒤에서나는 저녁끼때에불으는소리를 듣고도못들은척하였다

---

¹ **고방** : 고방庫房. 광.
² **질동이** : 질흙으로 빚어 구워 만든 동이.
³ **집난이** : '출가한 딸'을 뜻하는 평안방언.
⁴ **오지항아리** : 오짓물을 발라 만든 항아리. '오짓물'은 흙으로 만든 그릇에 윤을 내는 잿물.
⁵ **임내** : '흉내'의 방언.

⁶ **예서** : 여기서
⁷ **밝고** : 발라내고. 알맹이를 꺼내고.
⁸ **께었다** : 꿰었다.
⁹ **말쿠지** : 말코지. 벽에 옷 같은 것을 걸기 위해 박아놓은 큰 나무못.
¹⁰ **둑둑이** : 두둑이. 두두룩이. 불룩하도록 풍부하고 넉넉하게.
¹¹ **녯말** : 옛이야기.

모닥불

새끼오리[1]도 헌신짝도 소똥도 갓신창[2]도 개니빠디[3]도 너울쪽[4]도 집검불[5]도 가락닢도 머리카락도 헌겊조각도 막대꼬치도 기와장도 닭의짗[6]도 개털억도 타는 모닥불

재당[7]도 초시[8]도 門長문장[9]늙은이도 더부살이아이도 새사위도 갓사둔[10]도 나그네도 주인도 할아버지도 손자도 붓장사도 땜쟁이도 큰개도 강아지도 모두 모닥불을 쪼인다

모닥불은 어려서우리할아버지가 어미아비없는 서러운아이로 불상하니도 몽둥발이가[11]된 슳븐력사가있다

---

[1] **새끼오리** : 새끼줄 토막.
[2] **갓신창** : 가죽신의 밑창.
[3] **개니빠디** : 개의 이빨. '니빠디'는 '이빨'의 평안방언.
[4] **너울쪽** : 널쪽. 널빤지 조각.
[5] **집검불** : 짚검불, 지푸라기.
[6] **닭의짗** : 닭의 깃털. '짗'은 '깃'의 방언.
[7] **재당** : 제사를 지내거나 문중 회의를 할 때 일을 주관하던 집안의 어른.
[8] **초시** : 과거의 첫 시험初試에 급제한 사람. 또는 한학을 아는 양반을 높여 부르는 호칭.
[9] **門長** : 문중에서 항렬과 나이가 제일 위인 사람.
[10] **갓사둔** : 갓사돈 또는 가시사돈. 새롭게 맺은 사돈 또는 여자 쪽 사돈.
[11] **몽둥발이** : 몽동발이. 딸려 있던 것이 다 떨어지고 몸뚱이만 남은 물건.

古夜고야

　　아배는타관가서오지않고 山산비탈외따른집에 엄매와나와단둘이서 누가죽이는듯이 무서운밤 집뒤로는 어늬山산곬작이에서 소를잡어먹는노나리군들이 도적놈들같이 쿵쿵걸이며다닌다

　　날기명석³을저간다는 닭보는할미를차굴린다는 땅아래 고래같은 기와집에는언제나 니차떡⁵에청밀⁵에 은금보화가그득하다는 외발가진조마구⁶ 뒷山산어늬메도 조마구네나라가있어서 오줌누러깨는재밤⁷ 머리맡의문살에대인유리창으로 조마구군병의 새깜안대가리 새까만눈알이들여다보는때 나는이불속에자즈러붙어⁸ 숨도쉬지못한다

　　또이러한밤같은때 시집갈처녀망내고무가 고개넘어큰집으로 치장감⁹을 가지고와서 엄매와둘이 소기름에쌍심지의불을밝히고 밤이들도록바느질을하는밤같은때 나는아릇목의샅귀¹⁰를들고 쇠든밤¹¹을내여 다람쥐처럼밝어먹고¹² 은행여름¹³을 인두불¹⁴에구어도먹고 그러다는이불웋에서 광대넘이를뒤이고¹⁵ 또 놓어굴면서 엄매에게 웋목에둘은평풍¹⁶의 샛빩안천두¹⁷의이야기를듣기도하고 고무더러는 밝는날 멀리는 못난다는 뫼추라기를¹⁸잡어달라고졸으기도 하고

　　내일같이명절날인밤은 부엌에 쩨듯하니¹⁹ 불이밝고 솥뚜껑이놀으며²⁰ 구수한내음새 곰국이 무르끓고²¹ 방안에서는 일가집할머니가와서 마을의소문을펴며 조개송편에 달송편에 쥔두기송편²²에 떡을빚는곁에서 나는밤소팥소설탕든콩가루소를먹으며 설탕든콩가루소가가장맛있다고생각한다
　　나는얼마나 반죽을 주물으며 힌가루손이되여 떡을빚고싶은지모른다

섯달에 내빌날²³이드러서 내빌날밤에눈이오면 이밤엔 쌔하얀할미귀신의눈귀신도 내빌눈²⁴를 받노라못난다는말을 든든히녁기며 엄매와나는 앙궁²⁵옹에 떡돌²⁶옹에 곱새담²⁷옹에 함지²⁸에버치²⁹며 대낭푼³⁰을놓고 치성이 나드리듯이 정한마음으로 내빌눈약눈을받는다
  이눈세기물³¹을 내빌물이라고 제주병³²에 진상항아리³³에 채워두고는 해를묵여가며 고뿔이와도 배앓이를해도 갑피기³⁴를앓어도 먹을물이다

¹ **타관** : 다른 지역.
² **노나리군** : 노라리꾼, 건달.
³ **날기멍석** : 곡식을 널어 말릴 때 밑자리로 까는 멍석. '날기'는 '낟알'의 방언.
⁴ **니차떡** : '입쌀로 빚은 찰진 떡, 찰떡의 평북방언.
⁵ **청밀** : 청밀淸蜜. 꿀.
⁶ **조마구** : 옛 설화 속에 나오는 키가 매우 작은 난장이.
⁷ **재밤** : 한밤중.
⁸ **자즈러붙어** : 자지러 붙다. 위축되거나 움츠러들어 달라붙다.
⁹ **치장감** : 매만지고 꾸미는 데 필요한 여러 재료.
¹⁰ **삿귀** : 삿자리의 가장자리. '삿자리'는 갈대를 엮어 만든 자리.
¹¹ **쇠든밤** : 시든 밤, 말라서 새들새들해진 밤.
¹² **밝어먹고** : 발라먹고.
¹³ **은행여름** : 은행. 여름은 열매의 함북방언.
¹⁴ **인두불** : 인두를 달구기 위한 불.
¹⁵ **광대넘이를뒤이고** : 광대처럼 몸을 굴리고 뒤집으며 노는 모습.
¹⁶ **평풍** : '병풍屛風의 변한 말.
¹⁷ **천두** : 천도복숭아.
¹⁸ **뫼추라기** : 메추라기. 메추리. 들판에서 풀씨나 곡식을 먹고 사는 겨울새. 누런 갈색에 검은 잔무늬가 있고 날개는 둥글고 꽁지가 짧다.
¹⁹ **째듯하니** : 째듯하다. 빛이 선명하고 뚜렷하다.

20 **솥뚜껑이놀으며** : 솥 안의 내용물이 끓어서 '솥뚜껑이 움직인다'는 말. '놀다'는 '고정되어 있던 것이 움직이다'는 뜻.
21 **무르끓고** : 음식 따위가 흐무러질 정도로 끓고.
22 **쥔두기송편** : 주먹을 쥔 모양의 송편.
23 **내빌날** : 섣달 납일臘日. 동지 뒤의 셋째 미일未日. 대개 음력 연말이 되는 날로서 조정과 민간에서 조상이나 여러 신들에게 제사를 지냈다.
24 **내빌눈** : 납일에 내리는 눈. 이 눈을 받아 녹인 '납설수臘雪水'를 약용으로 썼다. 민간에서는 납설수로 눈을 씻으면 안질에 걸리지 않고 장을 담그면 구더기가 생기지 않는다고 전해져온다.
25 **앙궁** : 아궁이.
26 **떡돌** : 떡을 칠 때 사용하던 넓적한 돌.
27 **곱새담** : 人자 형으로 풀이나 짚을 엮어 만든 이엉을 얹은 담.
28 **함지** : 크고 네모지게 만든 나무 그릇.
29 **버치** : 자배기보다 조금 깊고 아가리가 벌어진 큰 그릇.
30 **대냥푼** : 큰 놋그릇.
31 **눈세기물** : 눈석임물. 눈이 녹은 물.
32 **제주병** : 제주병祭酒甁. 제사에 쓸 술을 넣어 두는 병.
33 **진상항아리** : '허름하고 보잘것없는 항아리'가 원 뜻이지만 시의 전후 문맥상 '귀한 물건을 담아두는 항아리'로 읽힘.
34 **갑피기** : 이질 증세로 설사를 하는 병. '갑피기'는 '이질'의 평북방언. '가피게'는 함남방언.

오리망아지토끼

오리치¹을 놓으려아배²는 논으로날여간지오래다
오리는 동비탈³에 그림자를떨어트리며 날어가고 나는 동말랭이⁴에서 강아지처럼 아배를불으며 울다가
시악이⁵나서는 등뒤개울물에 아배의신짝과 버선목⁶과 대님오리⁷을 모다던저벌인다

장날아츰에 앞행길로 엄지⁸딸어지나가는망아지를내라고 나는 졸으면 아배는행길을향해서 크다란소리로
— 매지⁹야오나라
— 매지야오나라

새하려¹⁰가는아배의지게에치워¹¹ 나는山산으로가며 토끼를잡으리라고 생각한다
맞구멍난토끼굴을아배와내가막어서면 언제나토끼새끼는 내다리아래로달어났다
나는 서글퍼서 서글퍼서 울상을한다

---

¹ **오리치** : 올가미. 평북지방의 토속적인 사냥용구, 동그란 갈고리 모양으로 된 야생오리를 잡는 도구.
² **아배** : '아버지'의 방언.
³ **동비탈** : 동비탈 : 동둑(크게 쌓은 둑)의 비탈.
⁴ **동말랭이** : 동垌둑. 등성이. '말랭이'는 등성이를 이루는 지붕이나 산꼭대기를 이

르는 '마루'의 방언.
5 **시악** : 시악特惡. 마음속에서 공연히 생기는 심술.
6 **버선목** : 발목에 닿는 버선 부분. 여기에서는 '버선'을 이르는 말.
7 **대님오리** : '대님'은 한복 바지의 발목을 졸라매는 끈.
8 **엄지** : 짐승의 어미.
9 **매지** : '망아지'의 방언.
10 **새하려** : 나무하다의 평안방언.
11 **치워** : 지워져. 얹혀.

돌덜구의물

初冬日^{초동일}

흙담벽에 볕이따사하니
아이들은 물코를흘리며 무감자¹를먹었다

돌덜구²에 天上水^{천상수}³가 차게
복숭아낡⁴에 시라리타래⁵가 말러갔다

---

¹ **무감자** : 고구마.
² **돌덜구** : 돌절구. '덜구'는 '절구'의 평안방언.
³ **天上水** : 빗물.
⁴ **낡** : '나무'의 옛말.
⁵ **시라리타래** : 시래기를 길게 엮은 타래. '시라리'는 '시래기'의 평남방언.

夏畓^{하답}

　짝새¹가 발뿌리²에서닐은³ 논드렁에서 아이들은개구리의뒷다리를 구어먹었다

　게구멍을쑤시다 물쿤⁴하고 배암을잡은늪의 피같은물이끼에 햇볕이 따그웠다

　돌다리에앉어 날버들치⁵를먹고 몸을말리는아이들은 물총새가되었다

---

¹ **짝새** : 딱새. 딱샛과의 새를 통틀어 이르는 말.
² **발뿌리** : 발부리. 발끝.
³ **닐은** : 일어나다의 옛말.
⁴ **물쿤** : 물큰. 너무 무르거나 풀려서 본 모양이 없어지도록 물렁한 모양.
⁵ **날버들치** : 잉엇과의 민물고기.

酒幕(주막)

호박닢에싸오는 붕어곰¹은 언제나맛있었다

부엌에는 빩앟게질들은² 八(팔)모알상³이 그 상웋엔 새파란 싸리를그린 눈알만한盞(잔)이뵈였다

아들아이는 범이라고 장고기⁴를잘잡는 앞니가 뻐드러진 나와동갑이었다

울파주⁵밖에는 장군들을따러와서 엄지⁶의젓을 빠는 망아지도있었다

---

¹ **붕어곰** : 붕어를 오래 고아 끓인 국. '곰'은 고기나 생선을 진한 국물이 나오도록 푹 고아 끓인 국.
² **질들은** : 오래 사용하여 반질반질한. '길든'의 평북방언.
³ **八모알상** : 팔모상. 돌상을 '백완반百玩盤'이라고 하였는데 그 형태는 알 수 없으나 후세에 돌잔치 때 쓰인 상으로서 팔모상이 전해온다. 팔모상은 윗면과 거기에 붙은 다리까지 8각으로 되어 있다. 다리의 각 면에는 선자무늬, 칠보무늬, 완자무늬 같은 것을 뚫어 새겨 장식하였다. 팔모양은 다른 상에 비하여 윗면이 넓으나 상의 높이는 낮다. 주로 돌맞이 때 쓰였으므로 일명 돌상이라고도 불리었다.
⁴ **장고기** : 잔고기. 피라미, 송사리 등 몸피가 작은 물고기.
⁵ **울파주** : '울바자'의 평북방언. 대, 수수깡, 갈대 따위를 엮거나 결어서 만든 울타리.
⁶ **엄지** : 짐승의 어미.

寂境^{적경1}

신살구를 잘도먹드니 눈오는아츰
나어린안해는 첫아들을낳었다

人家^{인가}멀은山^산중에
까치는 배나무에서즞는다

컴컴한부엌에서는 늙은홀아버의시아부지가 미억국을끄린다
그마음의 외딸은집에서도 산국²을끄린다

¹ **寂境** : 고요하고 평온한 지경 또는 공간.
² **산국** : 산후産後에 산모가 먹는 국.

未明界[미명계]1

자즌닭²이울어서 술국을끄리는듯한 鰍湯[추탕]³집의부엌은 뜨수할것같이 불이뿌연히밝다

초롱이히근하니⁴ 물지게군이우물로가며
별사이에바라보는그믐달은 눈물이어리었다

행길에는 선장⁵대여가는⁶ 장군들의종이燈[등]에 나귀눈이빛났다
어데서 서러웁게 木鐸[목탁]을뚜드리는 집이였다

---

¹ **未明界** : 아직 밝지 않은 세계, 즉 새벽의 정경.
² **자즌닭** : 잦은 닭. 자주 우는 새벽 닭.
³ **鰍湯** : 추어탕. 미꾸라지를 넣어 끓인 국.
⁴ **히근하니** : 희뿌옇게.
⁵ **선장** : 이른 장.
⁶ **대여가는** : 대어 가는. 정한 시간에 맞추어 목적지에 이르다.

城外^{성외}

어두어오는 城門^{성문}밖의거리
도야지를몰고가는 사람이있다

엿방¹앞에 엿궤²가없다

양철통을 쩔렁거리며 달구지는 거리끝에서 江原道^{강원도}로간다는길로 든다

술집문창에 그느슥한³그림자는 머리를얹었다⁴

---

¹ **엿방** : 엿을 만들어 파는 가게.
² **엿궤** : 엿목판. 엿을 담도록 만든 네모난 나무상자.
³ **그느슥한** : 그늑하다. ㄲ느름하다의 평북방언. 날이 흐리어 어둠침침하다.
⁴ **머리를얹었다** : '머리를 얹은 듯 기대어 쉬고 있다'는 뜻.

秋日山朝^{추일산조}

아츰볓에 섭구슬¹이한가로히익는 곳작에서 꿩은울어 山^산울림과작난을한다

山마루를탄사람들은 새ㅅ군²들인가
파 란한울에 떨어질것같이
웃음소리가 더러 山밑까지들린다

巡禮^{순례}중이 山을올라간다
어제ㅅ밤은 이山절에 齋³가들었다

무리돌⁴이굴어날이는건 중의발굼치에선가

---

¹ **섭구슬** : 섭구슬. 섶은 작은 나무. 열매를 구슬로 표현. 즉, 작은 나무의 열매.
² **새ㅅ군** : '나무꾼'의 평안방언.
³ **齋** : 명복冥福을 빌기 위해 부처에게 드리는 공양.
⁴ **무리돌** : 무릿돌. 여러 개의 돌.

曠原^{광원1}

흙꽃니는² 일은봄의 무연한³벌을
輕便鐵道^{경편철도4}가 노새의맘을먹고지나간다

멀리 바다가뵈이는
假停車場^{가정거장5}도없는 벌판에서
車^차는머물고
젊은새악시둘이날인다

---

¹ **曠原** : 넓은 평원.
² **흙꽃니는** : 흙먼지가 일어나는.
³ **무연한** : 아득하게 너른.
⁴ **輕便鐵道** : 차량이 작고 궤도가 좁은 철도.
⁵ **假停車場** : 임시로 만든 정거장.

힌밤

녯城성의돌담에 달이올랐다
묵은초가집웅에 박이
또하나달같이 하이얗게빛난다
언젠가마을에서 수절과부하나가 목을매여죽은밤도 이러한밤이었다

노   루

靑柿[청시]1

별많은밤
하누바람2이불어서
푸른감이떨어진다 개가즞는다

---

[1] **靑柿** : 땡감. 아직 익지 않은 작고 푸른 감.
[2] **하누바람** : 하늬바람. 지역에 따라 바람의 방향이 다른데, 북부 지역에서 말할 때 '하누바람'은 '서북쪽이나 북쪽에서 부는 바람'을 이른다.

山산비

山뽕닢에 비ㅅ방울이친다
멧비둘기가닗다¹
나무등걸에서 자벌기²가 고개를들었다 멧비둘기켠³을본다

---

¹ **닗다** : '일다.' '일어난다'의 고어.
² **자벌기** : 자벌레. '벌기'는 '벌레'의 방언.
³ **켠** : 쪽. 방향.

쓸쓸한길

거적장사¹하나 山산뒤ㅅ녚비탈을올은다
아 — 딸으는사람도업시 쓸쓸한 쓸쓸한길이다
山가마귀만 울며날고
도적개ㄴ가 개하나 어정어정따러간다
이스라치전이드나 머루전이드냐²
수리취³ 땅버들의 하이얀복⁴이 서러웁다
뚜물⁵같이흐린날 東風동풍이설렌다

¹ **거적장사** : 시신을 거적으로 대충 말아서 장사葬事를 지내는 것.
² **이스라치전이드나 머루전이드나** : 이스라치로 차린 전이든가 머루로 차린 전이든가. '이스랏나무'는 '산앵두'의 방언. '전'을 '장사지내기 전에 영좌靈座 앞에 간단히 술과 과일 등을 차려놓는 일'을 뜻하는 '전奠'으로 보면, '이스랏'과 '머루'가 피어 있는 풍경을 거적장사가 지나는 비탈에 늘어선 영좌 앞의 제물로 상상한 것이다.
³ **수리취** : 산에서 자라는 여러해살이풀. 9~10월에 흰색이나 자주색의 꽃이 핀다.
⁴ **복** : 상복喪服.
⁵ **뚜물** : 뜨물. 쌀이나 보리 같은 곡식을 씻고 난 희뿌연 물.

柘榴[석류1]

南方土[남방토] 풀안돋은양지귀[2]가본[3]이다
해ㅅ비[4]멎은저녁의 노을먹고싶다[5]

太古[태고]에나서
仙人圖[선인도]가꿈이다
高山淨土[고산정토]에山藥[산약]캐다오다

달빛은異鄕[이향]
눈은 정기속에 어우러진싸움

[1] 柘榴 : 석류. '柘'는 한국어에서 산뽕나무를 뜻하지만 일본어에서는 석류나무를 뜻함. 정지용의 시 「柘榴」나 백석의 「柘榴」는 일본에 있을 때 씌어진 것이므로 석류로 읽는 것이 적절함.
[2] 양지귀 : 양지陽地의 귀퉁이. 햇빛이 잘 드는 가장자리.
[3] 본 : 본고장. 본향.
[4] 해ㅅ비 : 볕이 나 있는 날 잠깐 내리다가 그치는 비. 여우비.
[5] 싶다 : 산다.

머루밤

불을끈방안에 햇대[1]의하이얀옷이 멀리 추울것같이

개方位[방위][2]로 말방울소리가들려온다

門[문]을옃다[3] 머루빛밤한울에
송이버슷[4]의내음새가났다

---

[1] **햇대** : 옷을 걸 수 있게 만든 막대.
[2] **개方位** : 술방戌方. 24방위의 하나로 정서正西에서 북쪽으로 15도 각도 안의 방향.
[3] **옃다** : 연다.
[4] **버슷** : '버섯'의 함경방언.

女僧^{여승}

女僧^{여승}은 合掌^{합장}하고 절을 했다
가지취¹의 내음새가났다
쓸쓸한낯이 녯날같이 늙었다
나는 佛經^{불경}처럼 설어워졌다

平安道^{평안도}의 어늬 山^산깊은 금덤판²
나는 파리한女人^{여인}에게서 옥수수를샀다
女人은 나어린딸아이를따리며 가을밤같이차게 울었다

섭벌³같이 나아간지아비 기다려 十年^{십년}이갔다
지아비는 돌아오지않고
어린딸은 도라지꽃이좋아 돌무덤으로갔다

山^산꿩도 설게울은 슳븐날이었었다
山절의마당귀⁴에 女人의머리오리⁵가 눈물방울과같이 떨어진날이있었다

---

¹ **가지취** : 취 종류의 하나.
² **금덤판** : 금점金店판. 금광의 일터.
³ **섭벌** : 나무에 집을 지은 꿀벌.
⁴ **마당귀** : 마당 귀퉁이.
⁵ **머리오리** : 머리카락.

修羅^{수라}

거미새끼하나 방바닥에 날인것을 나는아모생각없시 문밖으로 쓸어벌인다
차디찬밤이다

어니젠가² 새끼거미쓸려나간곧에 큰거미가왔다
나는 가슴이짜릿한다
나는 또 큰거미를쓸어 문밖으로 벌이며
찬밖이라도 새끼있는데로가라고하며 설어워한다

이렇게해서 아린가슴이 싹기도³전이다
어데서 좁쌀알만한 알에서 가제깨인듯한 발이 채 서지도못한 무척적은 새끼거미가 이번엔 큰거미없어진곧으로와서 아물걸인다
나는 가슴이 메이는듯하다
내손에 올으기라도하라고 나는손을내어미나 분명히 울고불고할 이작은것은 나를 무서우야 달어나벌이며 나를서럽게한다
나는 이작은것을 공이 보드러운종이에받어 또 문밖으로벌이며
이것의엄마와 누나나 형이 가까이이것의걱정을하며있다가 쉬이 만나기나했으면 좋으련만하고 슳버한다

---

¹ **修羅** : 불교의 육도六道 중 하나, 싸움을 잘하는 귀신이 모여 사는 곳 또는 그 귀신
² **어니젠가** : 언젠가.

³ **싹기도** : 삭기도. '삭다'는 '긴장이나 화가 풀려 마음이 가라앉다'는 뜻.
⁴ **가제** : 갓. 이제 막. '방금'의 평북방언.
⁵ **무서우이** : 무서워.

비

아카시아들이 언제 힌두레방석¹을깔었나
어데서 물쿤² 개비린내³가온다

---

¹ **두레방석** : 짚이나 부들 따위로 둥글게 엮은 방석.
² **물쿤** : '물큰'의 평북방언. 냄새 따위가 한꺼번에 확 풍기는 모양.
³ **개비린내** : 비가 내릴 때 흔히 나는 비릿한 냄새, 또는 비 맞은 개에게서 나는 비릿한 냄새.

노루

山산곬에서는 집터를츠고¹ 달궤²를닦고
보름달아래서 노루고기를먹었다

---

¹ **츠고** : 치고. '치다'는 '땅을 파내거나 고르는 행위'를 뜻함.
² **달궤** : '달구'의 평안방언. '달구'는 땅을 단단히 다지는 데 쓰는 기구.

국수당넘어

절간의소이야기

　병이들면 풀밭으로가서 풀을뜯는소는 人間^{인간}보다靈^영해서¹ 열거름안에 제병을낳게할 藥^약이있는줄을앎다고

　首陽山^{수양산}의어늬오래된절에서 七十^{칠십}이넘은로장²은이런이야기를하며 치맛자락의 山^산나물을추었다³

---

¹ **靈해서** : 신령스러워서. '영하다'는 '신령스러운 능력이 있다'는 뜻.
² **로장** : 노장老長. 나이든 중을 높여서 부르는 말.
³ **추었다** : 추렸다.

統營^{통영}

　　녯날엔 統制使^{통제사}가있었다는 낡은港口^{항구}의처녀들에겐 녯날이가지않
은 千姬^{천희}라는이름이많다
　　미역오리⁴같이말라서 굴껍지⁵처럼말없시 사랑하다죽는다는
　　이千姬의하나를 나는어늬오랜客主^{객주}집의 생선가시가있는 마루방에서
맞났다
　　저문六月^{유월}의 바닷가에선조개도울을저녁 소라방등⁶이불그레한마당에
김냄새나는비가날였다

---

[1] **統制使** : 임진왜란 때 경상도, 전라도, 충청도 수군을 지휘하던 무관 벼슬. '삼도수군통제사'를 줄인 말. 이 작품의 배경이 된 '통영'은 '통제사의 병영'이라는 뜻의 지명으로서 이순신 장군이 삼도 수군통제사를 맡아 이 지역에 병영을 둔 데서 그 이름이 유래하였다.
[2] **녯날이가지않은** : 예스러운 느낌을 간직하고 있는.
[3] **千姬** : 당시 유행하던 이름 중의 하나. 「夜雨小懷」에 '천희'라는 이름이 등장한다.
[4] **미역오리** : 미역 줄기.
[5] **굴껍지** : 굴껍질. '껍지'는 '껍질'의 방언.
[6] **소라방등** : 소라껍질로 만든 등잔. '방등'은 '등잔'의 방언.

오금덩이¹라는곧

어스름저녁 국수당²돌각담³의 수무나무⁴가지에 녀귀⁵의탱⁶을걸고 나물매⁷ 갓후어놓고 비난수⁸를하는 젊은새악시들
— 잘먹고가라 서리서리물러가라 네 소원풀었으니 다시침노말아라

벌개눞역⁹에서 바리깨¹⁰를뚜드리는 쇠ㅅ소리가나면
누가눈을앓어서 부증¹¹이나서 찰거마리¹²를 불으는것이다
마을에서는 피성한¹³눈슭¹⁴에 절인팔다리에 거마리를 붙인다

여우가 우는밤이면
잠없는 노친네들은일어나 팟을깔이며¹⁵ 방요를한다
여우가 주둥이를향하고 우는집에서는 다음날으레히 흉사가있다는것은 얼마나 무서운일인가

---

¹ **오금덩이** : 토속지명. 일반명사로 '오금덩이'는 '무릎의 구부리는 안쪽'을 지칭하는 '오금'과 같은 뜻.
² **국수당** : 마을의 부락신을 모신 집. 성황당, 국사당國祠堂으로 불리기도 함.
³ **돌각담** : 막돌을 그대로 쌓아 올리고 틈서리에 잔돌을 끼워 쌓아 올린 담.
⁴ **수무나무** : 시무나무. 느릅나무과에 속하는 나무.
⁵ **녀귀** : 여귀厲鬼. 재앙이나 돌림병으로 죽은 사람의 귀신.
⁶ **탱** : 탱화. '탱화'는 부처나 보살, 성현을 그려서 벽에 거는 그림.
⁷ **나물매** : 나물과 메. '메'는 제사 때 신위 앞에 놓는 밥.
⁸ **비난수** : 귀신에게 비는 소리.

⁹ **벌개늪역** : 벌판의 늪 언저리.
¹⁰ **바리깨** : 주발 뚜껑.
¹¹ **부증** : 부증浮症 부종浮腫 몸의 일부가 붓는 증상.
¹² **찰거마리** : 찰거머리.
¹³ **피성한** : 피멍이 들거나 핏발이 선
¹⁴ **눈숡** : 눈기슭. 눈시울. '숡'은 '헝겊의 가장자리'를 뜻하는 평북방언
¹⁵ **깔이며** : 깔리게 하며. 뿌리며.

柿崎[가키사키]의 바다

저녁밥때 비가들어서
바다엔배와사람이 흥성하다

참대창에 바다보다푸른고기가께우며 섬돌에곱조개가붙는집의 복도에서는 배창에 고기떨어지는 소리가들렸다

이즉하니 물기에 누굿이젖은 왕구새자리에서 저녁상을받은 가슴앓는사람은 참치회를먹지못하고 눈물겨웠다

어득한 기슭의행길에 얼굴이햇슥한처녀가 새벽달같이
아 아즈내인데 病人[병인]은 미역냄새나는덧문을닫고 버러지같이 놓였다

---

[1] **柿崎** : 가키사키. 일본 동경 밑 이즈伊豆반도 남동쪽 해안 도시.
[2] **참대창** : 죽창. 참대를 뾰족하게 깎아서 만든 꼬챙이.
[3] **께우며** : 꿰이다의 평북방언.
[4] **곱조개** : 표면이 매끄럽고 광택이 나는 조개.
[5] **배창** : 배 안쪽 갑판 밑에 있는 바닥. 선창船倉.
[6] **이즉하니** : 이슥하니. 시간이 꽤 지나서.
[7] **누굿이** : 누긋이. 메마르지 않고 좀 눅눅하게.
[8] **왕구새자리** : 왕골새자리. 왕골껍질이나 띠 등을 엮어서 만든 자리.
[9] **아즈내** : 아지내, '초저녁'의 평안방언.

定州城^{정주성1}

山^산턱원두막은뷔였나 불빛이외롭다
헌겊심지에 아즈까리기름의 쪼는²소리가 들리는듯하다

잠자리조을든 문허진城^성터
반딧불이난다 파란魂^혼들같다
어데서말있는듯이³ 크다란山새한마리 어두운 곬작이로 난다

헐리다남은城^성門^문이
한울빛같이훤하다
날이밝으면 또 메기수염의늙은이가 청배를팔러올 것이다

---

[1] **定州城** : 정주성은 정주읍에 소재한 성곽으로 조선시대 축조되었다. '정주'는 평안북도 서남부 해안지대에 있는 지역으로 백석의 고향이다.
[2] **쪼는** : 졸아드는.
[3] **어데서말있는듯이** : 어디서 사람의 말소리가 나는 듯이.
[4] **청배** : 청리靑梨, 청실리靑實梨, 청술레. 배의 일종으로 일찍 익고 빛이 푸르며 물이 많다.

彰義門外창의문외

무이¹밭에 한나븨나는집 밤나무 머루넝쿨속에 키잘¹하는소리만이들린다
우물가에서 까치가작고즞거니하면
붉은숫닭이높이 샛덤이³웋로올랐다
텃밭가在來種재래종의林檎임금낡⁴에는 이제도콩알만한푸른알이달렸고 히스무레한⁵꽃도 하나둘퓌여있다
돌담기슭에 오지항아리⁶독이빛난다

¹ **무이** : '무'의 방언.
² **키질** : 키로 곡식을 까부르는 일.
³ **샛덤이** : 높다랗게 쌓아놓은 땔감 더미, '새'는 땔나무의 평북방언.
⁴ **林檎낡** : 능금나무.
⁵ **히스무레한** : 희스무레하다. 조금 옅은 빛으로 드문드문 허옇다.
⁶ **오지항아리** : 오짓물을 발라 구운 항아리.

旌門¹村^{정문촌}

주홍칠이날은²旌門^{정문}이하나 마을어구에있었다

「孝子盧迪之之旌門^{효자노적지지정문}」³— 몬자⁴가 겹겹이앉은 木刻^{목각}의額^액⁵에
나는 열살이넘도록 갈지字^자둘을웃었다⁶

아카시아꽃의 향기가가득하니 꿀벌들이많이날어드는 아츰
구신은없고 부헝이가 담벽을따쫗고⁷ 죽었다

기왓골에 배암이푸르스름히빛난달밤이있었다
아이들은 쪽재피⁸같이 먼길을돌았다

旌門^{정문}집가난이⁹는 열다섯에
늙은말군¹⁰한테 시집을갔겄다

---

¹ **旌門**: 충신, 효자, 열녀 등을 표창하기 위해 그 집 앞에 세우던 붉은 문.
² **날은**: 색이 바랜.
³ **孝子盧迪之之旌門**: 효자 노적지盧迪之의 정문.
⁴ **몬지**: 먼지의 방언.
⁵ **額**: 편액. 종이, 비단, 널빤지 따위에 그림을 그리거나 글씨를 써서 방안이나 문 위에 걸어놓는 액자.
⁶ **갈지字둘을웃었다**: 之之旌門: 정문은 충신, 효자, 열녀 들을 표창하기 위하여 그 집 앞에 세우던 붉은 문인데, '지지'는 더러운 것을 이르는 어린아이의 말

이며, 시에서는 "몬직 겹겹이앉은"과 호응하며 웃음을 자아내게 한 듯하다.

[7] **띠쫗고** : 치쪼고. 새가 부리로 마구 쪼고.
[8] **쪽재피** : '쪽제비'의 방언.
[9] **가난이** : 갓난이. 시골에 흔했던 여자아이 이름.
[10] **말군** : 말몰이꾼.

여우난곬

박을삼는집
할아버지와손자가오른집웅웅에 한울빛이진초록이다
우물의물이 쓸것만같다

마을에서는 삼굿²을하는날
건넌마을서사람이 물에빠져죽었다는소문이왔다

노란싸리닢이한불³깔린토방에 햇츩방석⁴을깔고
나는호박떡을 맛있게도먹었다

어치라는山산새는 벌배⁵먹어곻읍다는곬에서 돌배먹고 앓븐배를 아이들은 띨배먹고나었다고하였다

---

¹ **여우난곬** : '여우가 자주 출현한 골짜기'라는 뜻에서 유래한 마을이름으로 짐작된다.

² **삼굿** : 삼(大麻)의 껍질을 벗기기 위해 삼을 구덩이에 찌거나 수증기로 익히는 일. 구덩이를 파고 바닥에 솥을 걸어서 찌거나 솥 대신에 돌무더기를 달군 다음, 그 위에 풀을 깔고 삼단을 세운 후 위에서 물을 부어 뜨거운 증기로 삼 껍질을 익도록 한다.

³ **한불** : 한가득. 빽빽하게 덮여 있거나 깔려 있는 모양.

⁴ **햇츩방석** : 햇칡방석. 그해에 새로 나온 칡덩굴을 엮어서 만든 방석.

⁵ **벌배** : 산과 들에 저절로 나는 배.

⁶ **돌배** : 재래종 산배. 보통 배보다는 껍질이 두껍고 맛이 시큼하다.
⁷ **앓븐** : 아픈.
⁸ **띨배** : 찔배. '찔광이' '산사자'로 불리는 찔배나무찔, 광나무, 아가위나무, 산사나무의 열매. 붉은 색깔을 띤 약용·식용 열매.

三防^{삼방1}

갈부던²같은 藥水^{약수}터의山^산거리엔 나무그릇과 다래나무짚팽이가많다

山산넘어十五里^{십오리}서 나무뒝치³차고 싸리신신고 山비에촉촉이젖어서
藥^약물을받으려오는 두멧아이들도 있다

아래ㅅ마을에서는 애기무당이 작두를타며 굿을하는때가많다

---

¹ **三防** : 함경남도 안변군(현재 강원도 세포군 삼방리)에 있는 지명. '삼방약수'로
유명하다.
² **갈부던** : 갈보전. '삿자리'의 황해방언. 갈대를 엮어 만든 자리.
³ **나무뒝치** : 나무로 만든 뒤웅박. '뒝치'는 '뒤웅박'의 평북방언.

제3부

『사슴』 이후의 시

統營통영

舊馬山구마산의 선창에선 조아하는사람이 울며날이는배에 올라서오는 물길이반날
갓나는고당은 갓갓기도하다

바람맛도 짭짤한 물맛도짭짤한

전복에 해삼에 도미 가재미의 생선이조코
파래에 아개미에 호루기의 젓갈이조코

새벽녘의거리엔 쾅쾅 북이울고
밤새人것 바다에선 뿡뿡 배가울고

자다가도 일어나 바다로 가고십흔곳이다

집집이 아이만한 피도안간 대구를말리는곳
황화장사령감이 일본말을 잘도하는곳
처녀들은 모두 漁場主어장주한테 시집을가고십허한다는 곳
山산넘어로가는길 돌각담에 갸웃하는 처녀는 錦금이라든이갓고
내가들은 馬山마산客主객주집의 어린딸은 蘭란이라는이갓고

蘭란이라는이는 明井명정골에산다든데
明井골은 山을넘어 栢종백나무푸르른 甘露감로가튼 물이 솟는 明井샘이잇는 마을인데

샘터엔 오구작작³ 물을깃는처녀며 새악시들 가운데 내가조아하는 그이가 잇을것만 갓고

내가조아하는 그이는 푸른가지붉게붉게 柊栢^{종백}꼿 피는철엔 타관 시집을 갈것만가튼데

긴토시¹⁴끼고 큰머리언고 오불고불 넘엣거리로가는 女人^{여인}은 平安道^{평안도}서오신듯한데 柊栢꼿피는철이 그언제요

녯 장수모신 날근사당¹⁵의 돌층게에 주저안저서 나는 이저녁 울듯울듯 閑山島^{한산도}바다에 뱃사공이되여가며

녕¹⁶나즌집 담나즌집 마당만노픈집에서 열나흘달을업고 손방아¹⁷만찟는 내사람을생각한다

(南行詩抄^{남행시초})
— 『朝鮮日報』(1936.1.23)

¹ **반날** : 한나절.
² **갓나는** : 갓[冠]이 생산되는.
³ **고당** : 고장.
⁴ **갓갓기도** : 갓 같기도, 갓의 모양과 유사하기도.
⁵ **전복** : '전복'의 방언.
⁶ **아개미** : 아가미젓. 명태의 아가미로 만든 젓갈의 한 종류.
⁷ **호루기** : 호래기. 꼴두기젓. 전남에서는 고록젓 또는 꼬락젓이라고 하며, 전북에서는 꼬록젓, 경남에서는 호래기젓, 황해도에서는 꼴띠기젓, 평북에서는 홀째기젓이라고 부른다.
⁸ **황화장사** : 황아장수. 집집을 찾아다니며 끈목, 담배쌈지, 바늘 실 따위의 자질구레한 일용잡화를 파는 사람.
⁹ **돌각담** : 막돌을 그대로 쌓아 올리고 틈서리에 잔돌을 끼워 쌓아 올린 담.
¹⁰ **들은** : 머문.

[11] **明井골** : 통영의 명정동에 있는 우물로 충렬사 아래에 있다. '일정日井'과 '월정月 井'이라는 두 개의 샘이 있는데, 이 둘을 합쳐 '명정明井'이라는 마을 이름 을 붙였다고 함(고형진, 『정본 백석시집』 69쪽).

[12] **柊柏** : 동백冬柏의 오기인 듯.

[13] **오구작작** : 어린아이들이 한곳에 모여 떠드는 모양.

[14] **토시** : 일할 때 팔이 가뿐하고 옷소매가 더러워지거나 닳지 않게 하려고 소매 위 에 끼는 물건, 혹은 추위를 막으려고 팔에 끼는 것.

[15] **녯 장수모신 날근사당** : 이순신 장군의 위패를 모신 충렬사忠烈祠를 말함.

[16] **녕** : '지붕'의 방언. 이엉으로 엮어서 덮어씌우는 덮개.

[17] **손방아** : 손으로 찧는 방아.

오리

오리야 네가좋은 淸明[청명]밑계[밝]밤은
옆에서 누가 뺨을처도모르게 어둡다누나
오리야 이때는 따디기가되여 어둡단다

아무리 밤이좋은들 오리야
해변벌에선 얼마나 너이들이 욱자짓걸하며 멕이기에
해변땅에 나들이갔든 할머니는
오리새끼들은 장풀이나하듯이 떠들썩하니 시끄럽기도하드란 숭인가

그래도 오리야 호젓한밤길을가다
가까운 논배미들에서
까알 까알하는 너이들의 즐거운말소리가나면
나는 내마을 그아는사람들의 짓걸짓걸하는 말소리같이 반가웁고나
오리야 너이들의 이야기판에 나도들어
밤을같이 밝히고싶고나

오리야 나는 네가좋구나 네가좋아서
벌논의늪옆에 쭈구렁벼알달린 집검불을 널어놓고
닭이짖올코에 새끼달은챗를 묻어놓고
동둑넘에 숨어서
하로진일 너를 기달인다

오리야 공은오리야 가만히 안겼거라

너를팔어 술을먹는 盧󠄀장에령감¹²은
홀아비 소의연¹³ 침을놓는 령감인데
나는 너를 백통전¹⁴하나주고 사오누나

나를생각하든 그무당의딸은 내어린누이에게
오리야 너를 한쌍주드니
어린누이는 없고 저는 시집을갔다것만
오리야 너는 한쌍이 날어가누나

— 『朝光』(1936.2)

---

¹ **淸明** : 한해를 스물넷으로 나눈 절기 가운데 다섯째. 맑고 밝은 봄 날씨가 시작되는 때라고 하여 붙여진 절기. 4월 5일경.
² **및게** : 어떤 날이 되기 바로 전 무렵.
³ **따디기** : 따지기. 얼었던 흙이 풀리려고 하는 초봄 무렵. 해토머리.
⁴ **멕이기에** : 서로 부르고 시끌시끌하기에.
⁵ **장뽕이나하듯이** : 시장에 모이기나 하듯이. '장뽕이'는 '장날이 되어 장터에 사람들이 와글와글 모여 붐비는 것'을 이르는 말.
⁶ **논배미** : 두렁으로 둘러싸인 논의 한 구역.
⁷ **쭈구령벼알** : 제대로 여물지 못한 벼알.
⁸ **닭이짗올코** : 닭의 깃털을 붙여서 만든 올가미.
⁹ **새끼달은치** : 새끼다랑치. 새끼줄을 엮어서 만든 끈이 달린 바구니. '다랑치'는 '장방형에 운두가 높고 끈이 다린 바구니'를 뜻하는 평북방언.
¹⁰ **동둑** : 못에 쌓은 큰 둑. 동뚝. 방죽.
¹¹ **하로진일** : 하루 진일盡日. 하루 종일.
¹² **盧󠄀장에령감** : 노씨盧氏 성을 가진 장의掌醫 영감. '장의掌醫'는 조선 시대 의약에 관한 일을 맡아보던 종9품 궁인직 벼슬 이름.
¹³ **소의연** : 소의원. 소의 병을 침술로 낫게 해주는 사람.
¹⁴ **백통전** : 백전白錢. 백통돈. 백통화.

연자ㅅ간

달빛도 거지도 도적개¹도 모다 즐겁다
풍구재²도 얼럭소³도 쇠드랑볕⁴도 모다 즐겁다

도적괭이 새끼락⁵이나고
살진 쪽제비 트는 기지개길고

홰냥닭⁶은 알을낳고 소리치고
강아지는 겨를먹고 오줌싸고

개들은 게뭉이고⁷ 쌈지거리⁸하고
놓여난 도야지 둥구재며오고⁹

송아지 잘도 놀고
까치 보해¹⁰ 짖고

신영길¹¹ 말이 울고가고
장돌림¹² 당나귀도 울고가고

대들보우에 베틀도 채일¹³도 토리개¹⁴도 모도들 편안하니
구석구석 후치¹⁵도 보십¹⁶도 소시랑¹⁷도 모도들 편안하니

— 『朝光』(1936.3)

¹ **도적개** : 두둑개.
² **풍구재** : '풍구'의 평안방언. 풀무. 불을 피울 때에 바람을 일으키는 기구. 곡물에 섞인 쭉정이, 겨, 먼지 따위를 날려서 제거하는 농기구.
³ **얼럭소** : 얼룩소.
⁴ **쇠드랑볕** : 쇠스랑볕. 쇠스랑 모양의 창살 사이로 들어와 바닥에 비친 햇볕.
⁵ **새끼락** : 야생동물이 성장하며 나오는 발톱.
⁶ **홰냥닭** : 홰에 올라앉은 닭.
⁷ **게몽이고** : 게걸스럽게 모이고.
⁸ **쌈지거리** : 싸움짓거리하다.
⁹ **둥구재며오고** : 둥구잡혀오고, 두멍잡혀오고, '두멍'은 '물을 담는 큰 독'을 이르는 말, '둥구재비다'는 '다리를 꽁꽁 묶어서 물통처럼 들려오는 것'을 뜻한다.
¹⁰ **보해** : 뽀해. 드나드는 것이 매우 잦게. '뻔질나게'의 평북방언. 까지 매우 잦게 짖고.
¹¹ **신영길** : 신행길. 결혼할 때 신랑이나 신부가 처음 상대의 집으로 가는 것.
¹² **장돌림** : 여러 장으로 돌아다니면서 물건을 파는 장수.
¹³ **채일** : 차일. 햇볕을 가리기 위하여 치는 포장.
¹⁴ **토리개** : 목화의 씨를 빼는 기구인 '씨아'의 평북방언.
¹⁵ **후치** : 땅을 가는 데 쓰는 농기구인 '극쟁이'의 방언. 쟁기와 비슷하나 쟁깃술이 곧게 내려가고 보습 끝이 무디다.
¹⁶ **보십** : 보습. 쟁기나 극쟁이의 술바닥에 맞추는 삽 모양의 쇳조각.
¹⁷ **소시랑** : 쇠스랑. 땅을 파헤쳐 고르거나 두엄, 풀 무덤 따위를 쳐내는 데 쓰는 갈퀴 모양의 농기구.

黃日^{황일}

　한 十里^{십리} 더가면 절간이 있을듯한마을이다. 낮기울은 볓이 장글장글하니 따사하다 흙은 젓이커서² 살같이깨서³ 아지랑이낀 속이 안타까운가보다 뒤울안에 복사꽃핀 집엔 아무도없나보다 뷔인집에 꿩이날어와 다니나보다 울밖 늙은들매낡⁴에 튀튀새⁵ 한불⁶앉었다 힌구름 딸어가며 딱장벌레 잡다가 연두빛닢새가 좋아 올라왔나보다 밭머리에도 복사꽃 피였다 새악시도 피였다새악시복사꽃이다 복사꽃 새악시다 어데서 송아지 매— 하고 운다 골갯논드렁⁷에서 미나리 밟고서서 운다 복사나무 아래가 흙작난하며 놀지 왜우노 자개밭둑⁸에 엄지 어데안 가고 누었다 아릇동리선가 말웃는 소리 무서운가 아릇동리 망아지 네 소리 무서울라 담모도리⁹ 바윗잔등에 다람쥐 해바라기하다 조은다 토끼잠¹⁰ 한잠 자고나서 세수한다 힌구름 건넌산으로 가는길에 복사꽃 바라노라 섰다 다람쥐 건넌산 보고 붙으는 푸념이 간지럽다

　　저기는 그늘 그늘 여기는 챙챙—
　　저기는 그늘 그늘 여기는 챙챙——

—『朝光』(1936.3)

---

¹ **장글장글** : 햇살이 아른아른 빛나면서도 따사로운 모양.
² **젓이커서** : 덩이가 커서. '젓'은 밭같이 할 때 쟁깃밥이 크게 넘겨져 있는 흙덩이를 비유.
³ **살같이깨서** : 살갗(흙의 표면)이 깨져서. 또는 살(육체)처럼 깨어나서.
⁴ **들매낡** : 들메나무. 물푸레나뭇과의 낙엽활엽교목.

⁵ **뛰뛰새** : 티티새. 지빠귀. 개똥지빠귀.
⁶ **한불** : 한가득.
⁷ **골갯논드렁** : 좁은 골짜기에 만든 논두렁.
⁸ **자개밭둑** : 자갈밭둑. '자개'는 자갈의 평북방언.
⁹ **담모도리** : 담모서리. '모도리'는 '모서리'의 평북방언. 담모퉁이.
¹⁰ **토끼잠** : 깊이 들지 못하고 자주 깨는 잠.

湯藥^{탕약}

눈이오는데
토방에서는 질화로웋에 곱돌탕관¹에 약이끓는다
삼에 숙변²에 목단³에 백복령⁴에 산약⁵에 택사⁶의 몸을보한다는 六味湯^{육미탕7}이다
약탕관에서는 김이올으며 달큼한 구수한 향기로운 내음새가나고
약이끓는 소리는 삐삐 즐거웁기도하다.

그리고 다딸인약을 하이얀 약사발에 밭어놓은⁸것은
아득하니 깜하야 萬年^{만년}넷적이 들은듯한데
나는 두손으로 공이 약그릇을들고 이약을내인 넷사람들을 생각하노라면
내마음은 끝없시 고요하고 또 맑어진다.

— 『詩와小說』(1936.3)

¹ **곱돌탕관** : 광택이 나는 곱돌을 깎아서 만든 약탕관.
² **숙변** : 숙지황熟地黃. 생지황을 아홉 번 찌고 아홉 번 말려서 만든 약재.
³ **목단** : 목단피. 모란 뿌리의 껍질.
⁴ **백봉령** : 백봉령白茯苓. 솔뿌리에 기생하는 구멍장이버섯과의 흰색 버섯.
⁵ **산약** : 산약山藥. 마의 뿌리를 한방에서 이르는 말.
⁶ **택사** : 택사과에 속하는 여러해살이풀로 뿌리를 한약재로 씀.
⁷ **六味湯** : 숙지황, 산약, 산수유, 백봉령, 목단피, 택사 따위를 넣어서 달여 만드는 보약. 여기에서는 산수유 대신 삼이 들어가 있다.
⁸ **밭어놓은** : 약 보자기에 꼭 짜 액체만을 따로 받아놓은.

伊豆國湊街道^{이즈노쿠니노미나토카이도1}

넷적본²의 휘장마차에
어느메³ 촌중⁴의 새새악시와도 함께타고
머-니 바다가의 거리로 간다는데
금귤이 눌한⁵ 마을마을을 지나가며
싱싱한 금귤을 먹는것은 얼마나 즐거운일인가.

—『詩와小說』(1936.3)

---

¹ **伊豆國湊街道** : 이즈 지방의 항구도로. '伊豆國'은 이즈반도[伊豆半島] 지방, '湊街道'는 '항구의 큰 도로'라는 뜻.
² **넷적본** : 옛날 모양. 옛날식.
³ **어느메** : '어디'의 방언.
⁴ **촌중** : 촌중村中. 시골 마을의.
⁵ **눌한** : 누런.

昌原道창원도

— 南行詩抄남행시초 1

솔포기¹에 숨엇다
토끼나 꿩을 놀래주고십흔 山산허리의길은

엎데서 따스하니 손녹히고십흔 길이다

개덜이고² 호이호이 희파람 불며
시름노코 가고십흔 길이다

궤나리봇짐³벗고 따ㅅ불⁴노코안저
담배 한 대 피우고 싶은 길이다

승냥이 줄레줄레 달고가며
덕신덕산⁵ 이야기하고십흔 길이다

덕거머리⁶총각은 정든님업고오고십흘길이다

— 『朝鮮日報』(1936.3.5)

¹ **솔포기** : 가지가 다보록하게 퍼진 작은 소나무.
² **덜이고** : 데리고.
³ **궤나리봇짐** : 걸어서 먼 길을 떠날 때 보자기에 싸서 어깨에 메는 작은 짐.
⁴ **따ㅅ불** : 모닥불. 잎나무나 검불 따위를 모아 놓고 피우는 불.

⁵ **덕신덕신** : 욱신덕신. 한데 모여 몹시 뒤끓는 모양.
⁶ **덕거머리** : 장가나 시집 갈 나이가 넘은 총각이나 처녀가 땋아 늘인 머리, 혹은 그런 머리를 한 사람. '더꺼머리 총각'은 '노총각'을 비유하여 이르는 말.

統營통영
—南行詩抄남행시초 2

統營장 낫대들엇다¹

갓한닙쓰고 건시²한접사고 홍공단단기³한감끈코 술한병바더들고

화륜선⁴ 만저보려 선창갓다

오다 가수내⁵ 들어가는 주막압헤
문둥이 품마타령 듯다가

열닐헤달이 올라서
나루배타고 판데목⁶ 지나간다 간다
— 徐丙織서병직7 氏씨에게 —

———『朝鮮日報』(1936.3.6)

---

¹ **낫대들엇다** : '낫다'(나아가다)와 '대들다'의 합성어. '맞서서 달려들 듯이 곧장 앞으로 나아갔다,' '대뜸 들어갔다'는 뜻.
² **건시** : 건시乾枾. 곶감. 껍질을 벗기고 꼬챙이에 꿰어서 말린 감.
³ **홍공단단기** : 붉은 빛깔의 공단紅貢緞으로 만든 댕기.
⁴ **화륜선** : 화륜선火輪船. 기선汽船을 이르던 옛말.
⁵ **가수내** : 지명. 또는 '가시내'의 방언.
⁶ **판데목** : 통영과 미륵도 사이의 좁은 수로水路 이름.
⁷ **徐丙織** : 백석이 사랑한 여인 박경련의 외사촌으로 백석이 통영에 머무르는 동안 그를 대접했다고 전해지는 인물.

固城街道^{고성가도}
―南行詩抄^{남행시초} 3

固城^{고성}장 가는길
해는둥둥높고

개한아 얼린하지¹안는 마을은
해발은² 마당귀에 맷방석³하나
빨아코 노락코
눈이시울은 곱기도한 건반밥⁴
아 진달래 개나리 한창퓌엿구나

가까이 잔치가잇서서
곱디고흔 건반밥을 말리우는마을은
얼마나 즐거운 마을인가

어쩐지 당홍치마 노란저고리입은 새악시들이
웃고살을것만가튼 마을이다

― 『朝鮮日報』(1936.3.7)

---

¹ **얼린하지** : 얼씬거리지.
² **해발은** : 양지바른.
³ **맷방석** : 매통이나 맷돌을 쓸 때 밑에 까는 짚으로 만든 방석.
⁴ **건반밥** : 강정 따위를 만들기 위해 찐 찹쌀을 말린 밥. 마른 밥.

三千浦 삼천포
―南行詩抄 남행시초 4

졸레졸레 도야지새끼들이간다
귀밑이 재릿재릿하니¹ 볏이 담복² 따사로운거리다

재ㅅ덤이에 까치올으고 아이올으고 아지랑이올으고

해바라기 하기조흘 벼ㅅ곡간마당에
벼ㅅ집가티 누우란 사람들이 둘러서서
어늬눈오신날 눈을츠고⁴ 생긴듯한 말다툼소리도 누우라니

소는 기르매⁵지고 조은다

아 모도들 따사로히 가난하니

―『朝鮮日報』(1936.3.8)

---

¹ **재릿재릿하니** : '꽤 간지러운 듯한'의 북한어
² **담복** : '담뿍'의 옛말.
³ **벼ㅅ곡간** : 낟가리.
⁴ **츠고** : '츠다'는 '치다'의 옛말.
⁵ **기르매** : '기르마' '길마'의 옛말. 짐을 싣거나 수레를 끌기 위하여 소나 말의 등에 얹는 안장.

<함주시초咸州詩抄>

北關북관1

明太평태창난젓에 고추무거리²에 막칼질한무이³를 뷔벼익힌것을
이 투박한 北關을 한없이 끼밀고⁴있노라면
쓸쓸하니 무릎은 꿀어진다

시큼한 배척한⁵ 퀴퀴한⁶ 이 내음새 속에
나는 가느슥히⁷ 女眞여진의 살내음새를 맡는다

얼근한 비릿한 구릿한 이 맛 속에선
깜아득히 新羅신라백성의 鄕愁향수도 맛본다.

— 『朝光』(1937.10)

¹ **北關** : '함경도'의 다른 이름.
² **고추무거리** : 고추를 빻아 체에 치고 가루를 뺀 나머지 거친 찌끼.
³ **무이** : '무'의 방언.
⁴ **끼밀고** : 자세히 보며 느끼고. '끼밀다'는 '어떤 물건을 끼고 앉아 얼굴 가까이 들이밀고 자세히 보며 느끼다'를 이르는 말.
⁵ **배척한** : 배착지근한. 냄새나 맛이 조금 배리다.
⁶ **퀴퀴한** : 상하고 찌들어 비위에 거슬릴 정도로 냄새가 구린
⁷ **가느슥히** : 희미하게. '가느슥하다'는 '꽤 가느스름하다'라는 뜻.

노루

長津^{장진1}땅이 집웅넘에 넘쉭²하는거리다
자구나무³ 같은것도 있다
기장감주⁴에 기장찰떡⁵이 흔한데다
이 거리에 산곬사람이 노루새끼를 다리고왔다

산곬사람은 막베등거리⁶ 막베잠방둥에⁷를입고
노루새끼를 닮었다
노루새끼등을쓸며
터앞에 당콩순⁸을 다먹었다하고
설흔닷냥 값을불은다
노루새끼는 다문다문 힌점이 백이고 배안의털⁹을 너슬너슬¹⁰벗고
산곬사람을 닮었다

산곬사람의손을 할트며
약자¹¹에쓴다는 흥정소리를 듣는듯이
새깜안 눈에 하이얀것이 가랑가랑¹²한다.

— 『朝光』(1937.10)

---

¹ **長津** : 함경남도 장진군. 함주군의 북쪽에 있는 지역.
² **넘석** : '넘성하다'의 북한어로 크게 힘을 들이지 않고도 갈 만큼 가깝다.

3 **자구나무** : 자귀나무.
4 **기장감주** : 기장으로 만든 감주. '기장'은 볏과의 한해살이풀로 이삭은 9~10월에 익고 '황실黃實'이라고 불리는 엷은 누런색의 열매는 떡, 술, 엿, 빵 따위의 원료나 가축의 사료로 쓰인다.
5 **기장찻떡** : 기장으로 만든 찰떡.
6 **막베등거리** : 막베(거칠게 짠 베)로 만든, 등만 덮을 만하게 만든 홑옷.
7 **막베잠방등에** : 막베로 만든, 가랑이가 무릎까지 내려오도록 짧게 만든 홑바지. 잠방이. 잠뱅이.
8 **당콩순** : 강낭콩순. '당콩'은 '강낭콩'의 평안방언.
9 **배안의털** : 배냇털. 뱃속에서 자랄 때 돋은 털.
10 **너슬너슬** : 굵고 긴 털이나 풀 따위가 부드럽고 성긴 모양, 혹은 길고 연한 풀이나 털 따위가 늘어져 크게 자꾸 흔들리는 모양.
11 **약자** : 약재.
12 **가랑가랑** : 눈에 눈물이 넘칠 듯이 가득 고인 모양.

古寺^{고사}

붓두막이 두길¹이다
이 붓두막에 놓인 사닥다리로 자박수염²난 공양주³는 성궁마⁴를 지고올은다

한말밥을한다는 크나큰솥이
외면하고 가부틀고⁵앉어서 염주도 세일만하다

화라지송침⁶이 단채로⁷들어간다는 아궁지
이 험상구즌아궁지⁸도 조앙님⁹은 무서운가보다

농마루¹⁰며 바람벽¹¹은 모두들 그느슥히¹²
힌밥과 두부와 튀각¹³과 자반을 생각나하고

하폄¹⁴도 남즉하니¹⁵ 불기¹⁶과 유종¹⁷들이
묵묵히 팔장끼고 쭈구리고앉었다

재안드는밤¹⁸은 불도없이 캄캄한 까막나라¹⁹에서
조앙님은 무서운 이야기나하면
모두들 죽은듯이 엎데였다 잠이들것이다

(歸州寺^{귀주사}―咸鏡道咸州郡^{함경도함주군})

―『朝光』(1937.10)

1 **길** : 길이의 단위. 한 길은 여덟 자 또는 열 자로 약 2.4미터 또는 3미터, 혹은 사람의 키 정도의 길이.
2 **자박수염** : 끝이 비틀리면서 아래로 잦혀진 콧수염.
3 **공양주** : 절에 시주하는 사람 또는 절에서 밥 짓는 일을 하는 사람.
4 **성궁미** : 성궁=칠성굿의 평북방언. 칠성신을 모시는 굿에 쓰는 쌀.
5 **가부틀고** : 가부좌를 틀고, '가부좌'는 부처의 좌법坐法으로 좌선할 때 앉는 방법의 하나. 왼쪽 발을 오른쪽 넓적다리 위에 놓고 오른쪽 발을 왼쪽 넓적다리 위에 놓고 앉는 것을 '길상좌,' 그 반대를 '항마좌'라고 한다. 손은 왼 손바닥을 오른 손바닥 위에 겹쳐 배꼽 밑에 편안히 놓는다.
6 **화라지송침** : '화라지'는 '길게 자란 소나무 가지를 꺾어 말린 땔나무'를 이르는 말.
7 **단채로** : 단째로, 한 묶음이 통째로.
8 **아궁지** : 아궁이.
9 **조앙님** : 조왕竈王님. 부엌을 맡고 있으면서 모든 길흉을 판단하는 신
10 **농마루** : 마룻보. 대들보 위의 동자기둥 또는 고주高柱에 얹히어 중도리와 마룻대를 받치는 들보.
11 **바람벽** : 방이나 칸살의 옆을 둘러막은 둘레의 벽.
12 **그느슥히** : 희미하고 어두침침하게.
13 **튀각** : 다시마나 죽순 따위를 잘라 기름에 튀긴 것.
14 **하폄** : 하품.
15 **남즉하니** : 나올 법하니.
16 **불기** : 佛器. 불전에 공양하거나 제를 올릴 때 쓰이는 기구.
17 **유종** : 놋그릇으로 만든 작은 잔이나 종지.
18 **재안드는밤** : 불공이 없는 밤.
19 **까막나라** : 날이 어둡거나 불이 없어서 깜깜한 상태를 비유적으로 이르는 말.

膳友辭 선우사

낡은 나조반에 힌밥도 가재미도 나도나와앉어서
쓸쓸한 저녁을 맞는다

힌밥과 가재미와 나는
우리들은 그 무슨이야기라도 다할것같다
우리들은 서로 믿없고 정답고 그리고 서로 좋구나

우리들은 맑은물밑 해정한 모래톱에서 하구긴날을 모래알만 헤이며
잔뼈가 굵은탓이다
바람좋은 한벌판에서 물닭이소리를들으며 단이슬먹고 나이들은탓이다
외따른 산골에서 소리개소리배우며 다람쥐동무하고 자라난탓이다

우리들은 모두 욕심이없어 히여졌다
착하디 착해서 세관은 가시하나 손아귀하나 없다
너무나 정갈해서 이렇게 파리했다

우리들은 가난해도 서럽지않다
우리들은 외로워할 까닭도없다
그리고 누구하나 부럽지도않다

힌밥과 가재미와 나는
우리들이 같이 있으면
세상같은건 밖에나도 좋을것같다

—『朝光』(1937.10)

1 **膳友** : 반찬 친구.
2 **나조반** : 나주반. 나주에서 생산된 전통 소반.
3 **해정한** : 깨끗하고 단정한.
4 **물닭** : 호숫가나 습지에 서식하는 뜸부깃과의 새.
5 **세괏은** : 세고 괄괄한. '세괄다'는 '세고 괄괄하다'의 북한어.

山谷^{산곡}

돌각담에 머루송이 깜하니 익고
자갈밭에 아즈까리알이 쏟아지는
잠풍하니² 볕발은 곬작이다
나는 이곬작에서 한겨을³을날려고 집을한채 구하였다

집이 몇집되지않는 곬안은
모두 터알⁴에 김장감이 퍼지고
뜰악에 잡곡낙가리⁵가 쌓여서
어니세월에 뷔일⁶듯한집은 뵈이지않었다
나는 작고 곬안으로 깊이 들어갔다

곬이다한 산대⁷밑에 작으마한 돌능와집⁸이 한채있어서
이집 남길동⁹닭 안주인은 겨울이면 집을내고
산을돌아 거리로날여간다는말을하는데
해발은¹⁰마당에는 꿀벌이 스무나문¹¹통있었다

낯기울은날을 해人볕 장글장글¹²한 퇴人마루에 걸어앉어서
  지난여름 도락구¹³를타고 長津^{장진}¹⁴땅에가서 꿀을치고 돌아왔다는 이 벌들을 바라보며 나는 날이 어서 추워저서 쑥국화꽃도 시들고
  이 바즈런한 백성들도 다 제집으로 들은뒤에 이곬안으로 올것을 생각하였다

─『朝光』(1937.10)

¹ **돌각담** : 막돌을 그대로 쌓아 올리고 틈서리에 잔돌을 끼워 쌓아 올린 담.
² **잠풍하니** : '잔풍殘風지다'의 북한어. 바람이 잔잔하게 부는.
³ **겨을** : 겨울.
⁴ **터앞** : 집의 울안에 있는 작은 밭.
⁵ **낙가리** : 낟알이 붙은 곡식을 그대로 쌓은 더미.
⁶ **뷔일** : 비워질.
⁷ **산대** : 산대배기. 산꼭대기.
⁸ **돌능와집** : 돌능에집. 돌너와집. 납작납작한 돌을 지붕에 올린 집. '능와집'은 '너와집'의 평북방언
⁹ **남길동** : '길동'은 '끝동'의 평북방언. 저고리 소맷부리에 대는 남색의 천.
¹⁰ **해발은** : '양지바른'의 북한어
¹¹ **스무나문** : 스무남은, 스물이 조금 넘는 수, 또는 그런 수.
¹² **장글장글** : 햇살이 아른아른 빛나면서도 따사로운 모양.
¹³ **도락구** : '트럭'의 일본어식 표현.
¹⁴ **長津** : 함경남도 장진군.

바다

바다ㅅ가에 왔드니
바다와같이 당신이 생각만 나는구려
바다와같이 당신을 사랑하고만 싶구려

구붓하고¹ 모래톱²을 올으면
당신이 앞선것만 같구려
당신이 뒤선것만 같구려

그리고 지중지중³ 물가를 거닐면
당신이 이야기를 하는것만 같구려
당신이 이야기를 끊은것만 같구려

바다ㅅ가는
개지꽃에 개지 아니 나오고
고기비눌에 하이얀 해ㅅ볓만 쇠리쇠리하야
어쩐지 쓸쓸만 하구려 섧기만 하구려

—『女性』(1937.10)

---

¹ **구붓하고** : 몸을 약간 구부정하게 하고. '구붓하다'는 약간 굽은 듯하다.
² **모래톱** : 모래사장.
³ **지중지중** : 지정지정. 곧장 내달아 가지 아니하고 조금 한곳에서 머뭇거리는 모양.

[4] **개지꽃** : '나팔꽃'의 평북방언.
[5] **쇠리쇠리하야** : 눈이 부셔, '쇠리쇠리하다'는 눈이 '부시다'의 평북방언. 빛이나 색채가 강렬하여 마주 보기가 어려운 상태에 있다.

丹楓(단풍)*

빩안물 질게든 얼굴이 아름답지않으뇨. 빩안情(정) 무르녹는 마음이 아름답지않으뇨. 단풍든시절은 새빩안 우슴을웃고 새빩안말을 지줄댄다.

어데 靑春(청춘)을보낸 서러움이 있느뇨. 어데 老死(노사)를 앞둘 두려움이 있느뇨.

재화가 한끝² 풍성하야 十月(시월)햇살이 무색하다 사랑에 한창 익어서 살찐 다 몸이 불탄다, 영화의 자랑이 한창 현란해서 청청한울이 눈부셔한다.

十月시절은 단풍이 얼굴이요, 또 마음인데 十月단풍도 높다란 낭떨어지에 두서너나무 깨웃듬이³ 외로히서서 한들걸이는것이 기로다.

十月단풍은 아름다우나 사랑하기를 삼갈것이니 울어서도 다하지 못한 독한 원한이 빩안 자주로 지지우리지⁴ 않느뇨.

— 『女性』(1937.10)

---

* 이 시는 '가을의 표정表情'이라는 난에 실린 백석의 글이다. 산문 형식을 띠고 있고 장르가 명확하지 않지만 백석 시의 정취를 상당 부분 가지고 있다고 판단하여 여기에 수록한다.
¹ **재화** : 재물이라는 뜻, 여기서는 가을의 단풍이 화려하게 물든 것을 비유한 표현.
² **한끝** : 한껏.
³ **깨웃듬이** : 깨우두룸하다. 갸우스름하다의 평북방언. 비스듬히.
⁴ **지지우리지** : 문맥상 '질게 우러나지'로 읽힘.

秋夜一景 추야일경

닭이 두홰¹나 울었는데
안방큰방은 홰즛하니² 당등³을하고
인간들은 모두 웅성웅성 깨여있어서들
오가리⁴며 석박디⁵를 썰고
생강에 파에 청각⁶에 마눌을 다지고

시래기를 삶는 훈훈한 방안에는
양염내음새가 싱싱도하다

밖에는 어데서 물새가 우는데
토방에선 햇콩두부가 고요히 숨이들어갔다⁷

— 『三千里文學』(1938.1)

---

¹ **홰** : 차례를 세는 단위. '홰'의 원뜻은 '새나 닭이 올라앉게 가로질러 놓은 나무 막대'인데, 닭이 올라앉은 나무 막대를 치면서 우는 차례를 세는 단위로도 쓰인다.
² **홰즛하니** : 어둑어둑한 가운데서 호젓한 느낌이 드는.
³ **당등** : '장등長燈'의 평안방언. 밤새도록 켜놓는 등불.
⁴ **오가리** : 무나 호박 따위의 살을 길게 썰어서 말린 것.
⁵ **석박디** : 섞박지. 배추와 무·오이를 절여 넓적하게 썬 다음 여러 가지 고명에 젓국을 쳐서 한데 버무려 담은 뒤 조기젓 국물을 약간 부어서 익힌 김치.
⁶ **청각** : 깊은 바다에서 자라는 식용 해초의 하나. 김장 때 김치의 고명으로 쓰기도 하고 그냥 무쳐 먹기도 한다.
⁷ **숨이들어갔다** : 순이 들다. '간수를 넣을 때 두부가 엉겨드는 현상이 일어나는 것'을 뜻한다.

<산중음山中吟>

山宿산숙

旅人宿여인숙이라도 국수집이다
모밀가루포대가 그득하니 쌓인 웃간은 들믄들믄¹ 더웁기도하다
나는 낡은 국수분틀²과 그즈런히³ 나가누어서
구석에 데굴데굴하는 木枕목침들을 베여보며
이 山산골에 들어와서 이 木枕들에 새깜아니때를 올리고간 사람들을 생각한다
그 사람들의 얼골과 生業생업과 마음들을 생각해본다

— 『朝光』 4권 3호(1938.3)

---

¹ **들믄들믄** : 들믄들믄. '들믄하다'는 '불을 많이 때어 온돌방이 지독하게 덥다'의 평북 방언.
² **국수분틀** : 국수틀.
³ **그즈런히** : 가지런히.

饗樂^{향악1}

초생달이 귀신불²같이 무서운 山^산골거리에선
첨아끝에 종이등의 불을밝히고
쩌락쩌락³ 떡을친다
감자떡이다
이젠 캄캄한 밤과 개울물 소리만이다

— 『朝光』 4권 3호(1938.3)

---

¹ **饗樂** : 잔치 음악.
² **귀신불** : 귀신이 낸다고 하는 불빛.
³ **쩌락쩌락** : 차진 떡을 칠 때에 메가 떨어지면서 내는 소리.

夜半[야반]

토방에 승냥이같은 강아지가 앉은집
부엌으론 무럭무럭 하이얀김이 난다
자정도 활신² 지났는데
닭을잡고 모밀국수를 눌은다고 한다
어늬 山산옆에선 캥캥 여우가운다

—『朝光』4권 3호(1938.3)

¹ **夜半** : 밤중.
² **활신** : 훨씬.

白樺[백화]

산골집은 대들보도 기둥도 문살도 자작나무다
밤이면 캥캥 여우가 우는 山[산]도 자작나무다
그 맛있는 모밀국수를 삶는 장작도 자작나무다
그리고 甘露[감로]같이 단샘이 솟는 박우물도 자작나무다
山[산]넘어는 平安道[평안도]땅도 뵈인다는 이 山[산]골은 온통 자작나무다

— 『朝光』 4권 3호(1938.3)

---

[1] **白樺** : 자작나무.
[2] **박우물** : 바가지로 물을 뜨는 얕은 우물.

나와 나타샤와 힌당나귀

가난한 내가
아름다운 나타샤를 사랑해서
오늘밤은 푹푹 눈이나린다

나타샤를 사랑은하고
눈은 푹푹 날리고
나는 혼자 쓸쓸히 앉어 燒酒를 마신다
燒酒를 마시며 생각한다
나타샤와 나는
눈이 푹푹 쌓이는밤 힌당나귀 타고
산골로가쟈 출출이 우는 깊은산골로가 마가리에 살쟈

눈은 푹푹 나리고
나는 나타샤를 생각하고
나타샤가 아니올리 없다
언제벌서 내속에 고조곤히와 이야기한다
산골로 가는것은 세상한테 지는것이 아니다
세상같은건 더러워 버리는것이다

눈은 푹푹 나리고
아름다운 나타샤는 나를 사랑하고
어데서 힌당나귀도 오늘밤이 좋아서 응앙 응앙 울을것이다

—『朝光』4권 3호(1938.3)

[1] **출출이** : 뱁새. 붉은머리오목눈이.
[2] **마가리** : '오막살이'의 평안방언
[3] **고조곤히** : '고요히'의 평안방언

夕陽^{석양}

거리는 장날이다
장날거리에 녕감들이 지나간다
녕감들은
말상¹을하였다 범상²을하였다 쪽재피상³을하였다
개발코⁴를하였다 안장코⁵를하였다 질병코⁶를하였다
그코에 모두 학실⁷을썼다
돌체돗보기⁸다 대모체돗보기⁹다 로이도돗보기¹⁰다
녕감들은 유리창같은눈을 번득걸이며
투박한 北關^{북관}말을 떠들어대며
쇠리쇠리한¹¹ 저녁해속에
사나운 즘생같이들 살어졌다

—『三千里文學』제2집(1938.4)

---

¹ **말상** : 말처럼 긴 얼굴이나 그런 얼굴을 가진 사람을 놀림조로 이르는 말.
² **범상** : 범의 얼굴 형상을 한 사람을 이르는 말.
³ **쪽재피상** : 족제비상. 족제비의 얼굴형을 가진 사람을 일컫는 말로, 대체로 귀가 작고 눈꼬리는 날카로우며 하악이 야담한 게 특징이다. 간교하고 처세에 능한 인상을 준다.
⁴ **개발코** : 개의 발처럼 넙죽하고 뭉툭하게 생긴 코
⁵ **안장코** : 안장 모양처럼 콧등이 잘록하게 생긴 코
⁶ **질병코** : 질흙으로 만든 병처럼 거칠고 투박하게 생긴 코
⁷ **학실** : '돋보기'의 평북방언.
⁸ **돌체돗보기** : 석영石英 유리로 테를 만든 돋보기.

⁹ **대모체돗보기** : 대모갑玳瑁甲, 즉 바다거북의 등껍데기로 테를 만든 돋보기.
¹⁰ **로이도돗보기** : 둥글고 굵은 셀룰로이드 테의 돋보기. Lloyd안경. 미국의 희극 배우 로이드가 쓰고 영화에 출연한 데서 유래함.
¹¹ **쇠리쇠리한** : 눈부신.

故鄕^{고향}

나는 北關^{북관}에 혼자 앓어누어서
어늬아츰 醫員^{의원}을 뵈이었다
醫員은 如來^{여래} 같은 상을하고 關公^{관공}의 수염을 들이워서
먼녯적 어늬나라 신선같은데
새끼손톱 길게도은 손을내어
묵묵하니 한참 맥을 집드니
문득물어 故鄕^{고향}이 어데냐한다
平安道^{평안도} 定州^{정주}라는 곧이라한즉
그렇면 아무개氏^씨 故鄕이란다
그러면 아무개氏-ㄹ 아느냐한즉
醫員은 빙긋이 우슴을 띄고
莫逆之間^{막역지간}이라며 수염을 쏜다
나는 아버지로 섬기는이라한즉
醫員은 또다시 넌즈시 웃고
말없이 팔을잡어 맥을보는데
손길은 따스하고 부드러워
故鄕도 아버지도 아버지의 친구도 다 있었다

— 『三千里文學』제2집(1938.4)

---

[1] 北關: '함경도'의 다른 이름.
[2] 如來: 부처의 열 가지 명호名號 중의 하나. '진리에 따라 이 세상에 와서 진리를

가르치는 사람이라는 뜻으로 부처를 이르는 말.
3 **關公**: 관우.
4 **莫逆之間**: 허물이 없는 아주 친한 사이.

絶望[절망]

北關[북관]에 게집은 튼튼하다
北關에 게집은 아름답다
아름답고 튼튼한 게집은있어서
힌저고리에 붉은 길동¹을달어
검정치마에 밪어입은것은
나의 꼭하나 즐거운 꿈이였드니
어늬아츰 게집은
머리에 묵어운 동이²를 이고
손에 어린것의 손을끌고
가파러운³ 언덕길을
숨이차서 올라갔다
나는 한종일 서러웠다

— 『三千里文學』 제2집(1938.4)

---

¹ **길동** : 저고리 소맷부리에 대는 천. '끝동'의 평북방언.
² **동이** : 물 긷는 데 쓰는 것으로서 보통 둥글고 배가 부르고 아가리가 넓으며 양옆으로 손잡이가 달린 질그릇.
³ **가파러운** : 산이나 길이 몹시 비탈진.

개

접시 귀에 소 기름이나 소뿔등잔에 아즈까리¹ 기름을 켜는 마을에서는 겨울 밤 개 짖는 소리가 반가웁다.

이 무서운 밤을 아래 웃방성² 마을 돌아다니는 사람은 있어 개는 짖는다.

낮배³ 어니메⁴ 치코⁵에 꿩이라도 걸려서 山넘어 국수집에 국수를 받으려가는 사람이 있어도 개는 짖는다.

김치 가재미⁶선 동침이가 유별히 맛나게 익는 밤

아배가 밤참 국수를 받으려가면 나는 큰마니⁷의 돋보기를 쓰고 앉어 개 짖는 소리를 들은것이다.

—『現代朝鮮文學全集』(1938.4)

---

¹ **아즈까리** : 피마자. '아주까리'의 평북방언. '아주까리'는 대극과의 한해살이풀, 씨는 설사약, 포마드, 도장밥 및 공업용 윤활유의 재료로 쓰인다.
² **아래 웃방성** : 방성放聲, 소리를 크게 지름. 아래 윗마을로 다니면서 크게 외치는 소리.
³ **낮배** : 낮에. 낮 무렵.
⁴ **어니메** : 어느메. '어디'의 평안방언.
⁵ **치코** : 올가미.
⁶ **김치 가재미** : 겨울에 김치를 묻은 다음 얼지 않도록 그 위에 수수깡 혹은 볏짚을 덮거나 둘러서 만든 움막.
⁷ **큰마니** : 클마니. '할머니'의 방언.

외가집

   내가 언제나 무서운 외가집은

   초저녁이면 안팎마당이 그득하니 하이얀 나비수염을 물은 보득지근한 복쪽재비[2]들이 씨굴씨굴[3] 모여서는 쨩쨩 쨩쨩 쇳스럽게 울어대고

   밤이면 무엇이 기와곬에 무리돌[4]를 던지고 뒤우란 배낡[5]에 쩨듯하니[6] 줄등[7]을 헤여달고[8] 부뚜막의 큰 솥 적은 솥을 모주리 뽑아놓고 재통[9]에 간 사람의 목덜미를 그냥그냥 나려 눌러선 쟛다리[10] 아래로 처박고

   그리고 새벽녘이면 고방[11] 시렁[12]에 채국채국[13] 얹어둔 모랭이[14] 목판[15] 시루[16]며 함지[17]가, 땅바닥에 넘너른히[18] 널리는 집이다.

—『現代朝鮮文學全集』(1938.4)

---

[1] **보득지근한** : 털이 짧고 숱이 많아 보드랍고 매끄러워 보이는.
[2] **복쪽재비** : 복을 가져다주는 족제비. 집에 들어왔거나 들어와 사는 족제비를 이르는 말.
[3] **씨굴씨굴** : 씨글씨글. 사람이나 짐승이 여럿이 모여 계속 움직이는 모양.
[4] **무리돌** : 무리우박처럼 산중턱에서 한꺼번에 굴러내리는 자갈돌, 혹은 여러 개의 잔돌.
[5] **배낡** : 배나무.
[6] **쩨듯하니** : 환하게.
[7] **줄등** : 긴 줄에 달아놓은 여러 개의 등.
[8] **헤여달고** : 켜서 달고.
[9] **재통** : '변소'의 평안방언.
[10] **쟛다리** : 재통에 걸쳐놓은 두 개의 나무.
[11] **고방** : 고방(庫房). 광. 창고.

12 **시렁** : 물건을 얹어 놓기 위하여 방이나 마루 벽에 두 개의 긴 나무를 가로질러 선반처럼 만든 것.
13 **채국채국** : 차곡차곡.
14 **모랭이** : 함지 모양의 작은 나무그릇.
15 **목판** : 음식을 담아 나르는 사각의 나무 그릇.
16 **시루** : 떡이나 쌀 따위를 찌는 데 쓰는 둥근 질그릇. 모양이 자배기 같고 바닥에 구멍이 여러 개 뚫려 있다.
17 **함지** : 함지박. 나무로 네모지게 짜서 만든 그릇. 운두가 조금 깊으며 밑은 좁고 위는 넓다.
18 **넘너른히** : 여기저기 흩어져 마구 널려 있는 모양.

내가생각하는것은

밖은 봄철날 따디기¹의 누긋하니² 푹석한³ 밤이다
거리에는 사람두 많이나서 흥성 흥성할것이다
어쩐지 이사람들과 친하니 싸단니고 싶은 밤이다

그렇것만 나는 하이얀 자리우에서 마른 팔뚝의
샛파란 피스대를 바라보며 나는 가난한 아버지를
가진것과 내가 오래 그려오든 처녀가 시집을간것과
그렇게도 살틀하든⁵ 동무가 나를 벌인일을 생각한다

또 내가 아는 그 몸이성하고 돈도있는 사람들이
즐거이 술을먹으려 단닐것과
내손에는 新刊書신간서 하나도 없는것과
그리고 그 「아서라 世上事세상사」⁶라도 들을
류성기⁷도 없는 것을 생각한다

그리고 이러한 생각이 내눈가를 내가슴가를
뜨겁게 하는것도 생각한다

— 『女性』 3권 4호(1938.4)

---

¹ **따디기** : 따지기. 얼었던 흙이 풀리려고 하는 초봄 무렵. 해토머리.
² **누굿하니** : 누긋하다 메마르지 않고 좀 눅눅하다.

[3] **푹석한** : 푹석하다. 물건이 푹석하여 가라앉거나 부스러지기 쉽다.
[4] **흥성 흥성** : 여러 사람이 활기차게 떠들며 계속 흥겹고 번성한 분위기를 이루는 모양.
[5] **살틀하든** : 살뜰하던. 위하는 마음이 자상하고 지극하던.
[6] **아서라 世上事** : 판소리 단가 <편시춘片時春>의 서두 가사.
[7] **류성기** : 유성기留聲機. 축음기蓄音機. 레코드에서 녹음한 음을 재생하는 장치.

내가이렇게외면하고

    내가 이렇게 외면하고 거리를 걸어가는것은 잠풍날씨[1]가 너무나 좋은 탓이고
    가난한동무가 새구두를신고 지나간 탓이고 언제나 꼭 같은 넥타이를매고 곻은 사람을 사랑하는 탓이다.

    내가 이렇게 외면하고 거리를 걸어가는것은 또 내 많지못한 월급이 얼마나 고마운탓이고
    이렇게 젊은나이로 코밑수염도 길러보는탓이고 그리고 어늬 가난한 집 부엌으로 달재[2] 생선을 진장[3]에 꼿꼿이 짖인 것은 맛도 있다는말이 작고 들려오는 탓이다.

—『女性』3권 5호(1938.5)

---

[1] **잠풍날씨** : 바람이 고요하고 잔잔하게 부는 날씨.
[2] **달재** : '달강어'의 방언. 성댓과의 바닷물고기. 몸의 길이는 30cm 정도이며, 배는 흰색이고 그 사이에 은색 줄이 있으며 등은 붉은색, 표면이 까칠까칠한 물고기이다.
[3] **진장** : 진간장, 혹은 검정콩으로 쑨 메주로 담가 빛이 까맣게 된 간장.

\<물닭의 소리\>

三湖[삼호]1

문기슭에 바다해ㅅ자를 까꾸로 붙인집
산듯한 청삿자리² 우에서 찌륵찌륵
우는 전북회를 먹어 한녀름을 보낸다

이렇게 한녀름을 보내면서 나는 하늑이는³
물살에 나이금⁴이 느는 꽃조개와함께
허리도리⁵가 굵어가는 한사람을 연연해 한다⁶

— 『朝光』 4권 10호(1938.10)

---

¹ **三湖** : 함경남도 홍원군 남단에 있는 유명한 명태어장.
² **청삿자리** : 푸른 갈대로 엮은 자리.
³ **하늑이는** : 물결 따위가 부드럽게 흔들리는.
⁴ **나이금** : 나이테.
⁵ **허리도리** : 허리두리. 허리둘레. '두리'는 '둘레'의 북한어.
⁶ **연연해 하다** : 마음에 두고 잊지 못하다.

物界里^{물계리}

물밑—이 세모래 닌함박¹은 콩조개²만 일다,
모래장변³—바다가 널어놓고 못믿없어 드나드는 명주필을
　　　짓구지⁴ 발뒤추으로 찢으면
　　　날과 씨는 모두 양금⁵줄이 되어 짜랑 짜랑 울었다

—『朝光』 4권 10호(1938.10)

---

¹ **닌함박** : 이남박. 안쪽에 여러 줄의 고랑이 지게 파서 쌀 같은 것을 일 때 돌과 모래를 가라앉도록 만든 함지박.
² **콩조개** : 껍데기가 콩알처럼 동그랗고 매끈하며 자줏빛을 띤 갈색의 조개.
³ **모래장변** : 모래사장. 모래와 장場과 변邊이 합해진 말.
⁴ **짓구지** : 짓궂이. 장난스럽게 남을 괴롭고 귀찮게 하여 달갑지 아니하다.
⁵ **양금** : 양금洋琴. 채로 줄을 쳐서 소리를 내는 현악기.

大山洞대산동¹

비애고지² 비애고지는
제비야 네말이다
저건너 노루섬³에 노루없드란 말이지
신미두⁴ 삼각산⁵엔 가무래기⁵만 나드란 말이지

비애고지 비애고지는
제비야 네말이다
푸른바다 힌한울이 좋기도 좋단말이지
해밝은 모래장변⁶에 돌비⁷하나 섰단말이지

비애고지 비애고지는
제비야 네말이다
눈빩앵이 갈매기 발빩앵이 갈매기 가란말이지
승냥이 처럼 우는 갈매기
무서워 가란말이지

— 『朝光』 4권 10호(1938.10)

¹ **大山洞** : 평북 정주군 덕언면에 있는 동네, 백석이 태어난 갈산면 익성동과 인접한 마을.
² **비애고지** : 제비의 지저귀는 소리러 지지배배로 들거나 비애고지로 듣거나 듣는 이의 느낌을 나타낸 말.
³ **노루섬** : 장도獐島. 대산동의 바다 맞은편에 있는 섬.

[4] **신미두** : 신미도. 평안북도 선천군에 속하는 섬. 연평도와 같이 조기잡이 근거지로 유명하다.
[5] **가무래기** : 가무라기(가무락조개).
[6] **모래장변** : 모래사장. '모래'와 '장場'과 '변邊'이 합해진 말.
[7] **돌비** : 돌로 만든 비碑.

南鄉南향

푸른 바다가의 하이얀 하이얀 길이다

아이들은 늘늘히¹ 청대나무말²을 몰고
대모풍잠³한 늙은이 또요⁴ 한마리를 드리우고 갔다.

이길이다
얼마가서 甘露감로같은 물이 솟는마을 하이얀 회담벽⁵에 옛적본⁶의 장반시계⁷를 걸어놓은집 홀어미와 사는 물새같은 외딸의 혼사말이 아즈랑이 같이 낀곳은

— 『朝光』 4권 10호(1938.10)

---

¹ **늘늘히** : 한가하고 여유 있게. 수량이나 기한 따위가 넉넉하게.
² **청대나무말** : 잎이 달린 푸른 대나무를 어린아이들이 말이라 하여 가랑이에 넣어 끌고 다니며 노는 죽마竹馬.
³ **대모풍잠** : 대모갑玳瑁甲으로 만든 풍잠風簪. '풍잠'은 갓모자가 뒤로 넘어가지 않도록 망건의 앞쪽에 다는 장식품.
⁴ **또요** : 도요새. 강변의 습기 많은 곳에 살고, 다리와 부리가 길며 꽁지가 짧음.
⁵ **회담벽** : 석회를 바른 담벼락.
⁶ **옛적본** : 옛날식. 옛날 모양.
⁷ **장반시계** : 쟁반시계. 쟁반같이 생긴 둥근 모양의 시계.

夜雨小懷^{야우소회}

캄캄한 비속에
새빩안 달이 뜨고
하이얀 꽃이 퓌고
먼바루¹ 개가 짖는밤은
어데서 물외² 내음새 나는밤이다

캄캄한 비속에
새빩안 달이 뜨고
하이얀 꽃이 퓌고
먼바루 개가 짖고
어데서 물의 내음새 나는 밤은

나의 정다운것들 가지 명태 노루 뫼추라³ 질동이 노랑나븨 바구지꽃⁴ 모밀국수 남치마 자개짚세기⁵ 그리고 千姬^{천희}라는 이름이 한없이 그리워지는 밤이로구나

— 『朝光』 4권 10호(1938.10)

---

¹ **먼바루** : 먼 바로. 멀리 떨어져서 맞바로.
² **물외** : '참외'에 대하여 '오이'를 구별하여 이르는 말.
³ **뫼추리** : 메추리. 메추라기.
⁴ **바구지꽃** : '미나리아재비'의 북한어. 미나리아재비 꽃.
⁵ **자개짚세기** : 오목하게 들어간 짚신. '자개'는 겨드랑이나 오금 양쪽의 오목한 곳의 평안방언.

꼴두기

신새벽 들망에
내가 좋아하는 꼴두기가 들었다
갓 쓰고 사는 마음이 어진데
새끼 그물에 걸리는건 어인일인가

갈매기 날어온다.

입으로 먹을 뿜는건
몇십년 도를 닦어 퓌는 조환가
압뒤로 가기를 마음대로 하는건
孫子손자의 兵書병서도 읽은것이다
갈매기 쭝얼댄다.

그러나 시방 꼴두기는 배창에 너불어저 새새끼같은 울음을 우는 곁에서
배ㅅ사람들의 언젠가 아홉이서 회를 처먹고도 남어 한갓씩 논아가지
고갔다는 크디큰 꼴두기의 이야기를 들으며 나는 슬프다

갈매기 날어난다.

— 『朝光』 4권 10호(1938.10)

---

[1] 들망 : 후릿그물. 바다나 큰 강물에 넓게 둘러치고 여러 사람이 그 두 끝을 끌어

당기어 물고기를 잡는 큰 그물.
2 **배창** : 배 안의 밑바닥.
3 **아홉** : '아홉'의 평안방언.
4 **깃** : 무엇을 나눌 때 각자에게 돌아오는 몫.

가무래기의 樂^낙

가무락조개¹난 뒷간거리²에
빗을 얻으려 나는왔다
빗이안되어 가는탓에
가무래기도 나도 모도춥다
추운거리의 그도추운 능당³쪽을 걸어가며
내마음은 웃줄댄다 그무슨 기쁨에 웃줄댄다
이추운세상의 한구석에
맑고 가난한 친구가 하나 있어서
내가 이렇게 추운거리를 지나온걸
얼마나 기뻐하며 락단하고⁴
그즈런히⁵ 손깍지 벼개하고 누어서
이못된놈의 세상을 크게 크게 욕할것이다

— 『女性』 3권 10호(1938.10)

---

¹ **가무락조개** : 가무래기. 모시조개. 개펄 등 수심이 얕은 곳에서 사는 백합과의 조개.
² **뒷간거리** : 뒷골목. 큰 길 뒤쪽으로 난 거리.
³ **능당** : '능달(응달)'의 오식으로 추정된다.
⁴ **락단하고** : 히히덕거리며 즐거워하고.
⁵ **그즈런히** : 가지런히.

멧새 소리

첨아끝에 明太명태를 말린다
明太는 꽁꽁 얼었다
明太는 길다랗고 파리한 물고긴데
꼬리에 길다란 고드름이 달렸다
해는 저물고 날은 다가고 볓은 서러웁게 차갑다
나도 길다랗고 파리한 明太다
門문턱에 꽁꽁 얼어서
가슴에 길다란 고드름이 달렸다

—『女性』 3권 10호(1938.10)

박각시¹ 오는 저녁

당콩밥²에 가지 냉국의 저녁을 먹고나서
바가지꽃³ 하이얀 지붕에 박각시 주락시 붕붕 날아오면
집은 안팎 문을 횅 하니 열젖기고⁴
인간들은 모두 뒷등성으로 올라 멍석자리를 하고 바람을 쐬이는데
풀밭에는 어느새 하이얀 대림질감들이 한불⁵ 널리고
돌우래⁶며 팟중이⁷ 산옆이 들썩하니 울어댄다.
이리하여 한울에 별이 잔콩 마당 같고
강낭밭⁸에 이슬이 비 오듯 하는 밤이 된다.

— 『朝鮮文學讀本』(1938.10)

---

¹ **박각시** : 박각시나방. 초저녁부터 박꽃 등을 찾아다니며 꿀을 빨아먹는 나방. 날면서 꿀을 먹는 탓에 늘 붕붕 소리가 난다.
² **당콩밥** : 강낭콩을 넣어 지은 밥.
³ **바가지꽃** : 박꽃.
⁴ **열젖기고** : 열어젖히고.
⁵ **한불** : 가득. 사람이나 물건 따위가 쭉 널려 있는 모양을 가리키는 말.
⁶ **돌우래** : 도루래. '땅강아지'의 평북방언. 귀뚜라미처럼 앞날개의 날개 맥이 발성기관을 가지고 있어서 소리를 냄.
⁷ **팟중이** : 팥중이. 메뚜기과의 곤충.
⁸ **강낭밭** : 옥수수밭. '강낭'은 옥수수를 이르는 '강냉이'의 방언.

넘언집 범같은 노큰마니[1]

황토 마루 수무낡[2]에 얼럭궁 덜럭궁 색동헌겊 뜯개조박[3] 뵈짜배기[4] 걸리고 오쟁이[5] 끼애리[6] 달리고 소삼은[7] 엄신[8] 같은 딥세기[9]도 열린 국수당[10] 고개를 몇번이고 튀튀 춤[11]을 뱉고 넘어가면 곬안에 안윽히 묵은 녕동[12]이 묵업 기도할 집이 한채 안기었는데

집에는 언제나 셋개[13]같은 게산이[14]가 벅작궁[15] 고아내고[16] 말같은 개들이 떠들석 짖어대고 그리고 소거름 내음새 구수한 속에 엇송아지[17] 히물쩍[18] 너들씨는 데[19]

집에는 아배에 삼춘에 오마니에 오마니가 있어서 젖먹이를 마을 청능[20] 그늘밑에 삿갓을 씨워 한종일내 뉘어두고 김을 매려 단녔고 아이들이 큰마누래[21]에 작은 마누래[22]에 제구실[23]을 할때면 종아지물본[24]도 모르고 행길에 아이 송장이 거적뙈기에 말려나가면 속으로 얼마나 부러워 하였고 그리고 끼때에는 붓두막에 박아지를 아이덜 수대로 주룬히[25] 늘어놓고 밥한덩이 질게[26]한술 들여틀여서는 먹었다는 소리를 언제나 두고 두고 하는데

일가들이 모두 범같이 무서워하는 이 노큰마니는 구덕살이[27]같이 욱실욱실하는 손자 증손자를 방구석에 들매나무 회채리[28]를 단으로 쩌다두고 때리고 싸리갱이[29]에 갓진창[30]을 매여 놓고 때리는데

내가 엄매등에 업혀가서 상사말[31]같이 항약[32]에 야기[33]를 쓰면 한창 퓌는 함박꽃을 밑가지 채 꺾어주고 종대[34]에 달린 제물배[35]도 가지채 쩌주고[36] 그리고 그 애끼는 게산이 알도 두손에 쥐어 주곤 하는데

우리 엄매가 나를 갖이는 때 이 노큰마니는 어늬밤 크나큰 범이 한 마리 우리 선산으로 들어오는 꿈을 꾼 것을 우리엄매가 서울서 시집을 온것을 그리고 무엇 보다도 내가 이 노큰마니의 당조카7의 맏손자로 난 것을 다견하니 알뜰하니 깃거히 넉이는것이었다.

—『文章』1권 3집(1939.4)

¹ **노큰마니** : 노老할머니. 증조할머니.
² **스무낡** : 스무나무. 시무나무. 느릅나뭇과의 낙엽교목으로 곧고 높이 자람.
³ **뜬개조박** : 뜯어진 헝겊조각. '뜬개'는 해어지고 낡아서 입지 못하게 된 옷 따위를 통틀어 이르는 말. '조박'은 '조각'의 평안방언.
⁴ **뵈짜배기** : 베조각. '짜배기'는 '조각'의 평안방언.
⁵ **오쟁이** : 짚으로 엮어 만든 작은 섬.
⁶ **끼애리** : 짚으로 길게 묶어 동인 것. '꾸러미'의 평안방언.
⁷ **소삼은** : '소疎'와 '삼은'이 결합한 말. 속담에 말이 삼은 소의 짚신이라는 뜻이 있 듯 성글게 엮거나 짠.
⁸ **엄신** : 엄짚신. 상제喪制가 초상 때부터 졸곡卒哭 때까지 신는 짚신으로 총을 성글게 엮어 만든 신.
⁹ **딥세기** : 짚신, 혹은 짚으로 만든 것.
¹⁰ **국수당** : 마을의 부락신을 모신 집. 서낭당. 성황당城隍堂의 평안방언.
¹¹ **춤** : 침.
¹² **녕동** : 영동欞棟. 기둥과 마룻대를 아울러 이르는 말.
¹³ **센개** : 털빛이 흰 개.
¹⁴ **게산이** : '거위'의 방언.
¹⁵ **벅작궁** : 법석대는 모양. '벅작'은 '법석'의 평북방언.
¹⁶ **고아내고** : 떠들어대고. '고다'는 '떠들다'의 평안방언.
¹⁷ **엇송아지** : 아직 다 자라지 못한 송아지.
¹⁸ **히물쩍** : 씰룩거리는 모양. '히물거리다'는 '씰룩거리다'의 평안방언.
¹⁹ **너들씨는 데** : 너들거리는데. 함부로 까부는데.

20 **청능** : 청랭淸冷. 시원한 곳.
21 **큰마누래** : 큰마마. 손님마마. 천연두.
22 **작은 마누래** : 작은마마. 수두 또는 홍역紅疫.
23 **제구실** : 어린아이들이 으레 치르는 홍역 따위를 속되게 이르는 말.
24 **종아지물본** : 세상 물정. 돌아가는 상황.
25 **주문히** : '나란히'의 평북방언.
26 **질게** : 질개. '반찬'의 평북방언.
27 **구덕살이** : '구더기'의 평안방언.
28 **회채리** : 회초리의 함북방언.
29 **싸리갱이** : 싸릿개비의 북한어.
30 **갓진창** : 갓신창. 갓에서 나온 말총으로 된 질긴 끈.
31 **상사말** : 길들이지 않은 거친 말. '야생말(생마)'의 평안방언.
32 **항약** : 행악. 악을 쓰며 대드는 행위.
33 **야기** : 어린아이들이 억지를 부리고 마구 떼를 쓰는 행위.
34 **종대** : 꽃이나 나무의 한가운데서 올라오는 줄기.
35 **제물배** : 제물로 쓰는 배.
36 **쩌주고** : 베어주고.
37 **당조카** : 장조카.

童尿賦^{동뇨부}

봄철날 한종일내 노곤하니 벌불 작난¹을 한날 밤이면 으례히 싸개동당²를 지나는데 잘망하니³ 누어 싸는 오줌이 넙적다리를 흐르는 따끈따끈 한 맛 자리에 평하니 괴이는 척척한 맛

첫 녀름 일은저녁을 해 치우고 인간⁴들이 모두 터앞에 나와서 물외⁵포기에 당콩⁶포기에 오줌을 주는때 터앞에 발마당⁷에 샛길에 떠도는 오줌의 매캐한 재릿한 내음새

긴 긴 겨울밤 인간들이 모두 한잠이 들은 재밤중⁸에 나혼자 일어나서 머리맡 쥐발⁹같은 새끼오강에 한없이 누는 잘매럽던 오줌의 사르릉 쪼로록하는소리

그리고 또 엄매의 말엔 내가 아직 굳은 밥을 모르던때¹⁰ 살갗 퍼런 망내고무가 잘도 받어 세수를 하였다는 내 오줌빛은 이슬같이 샛맑앟기도 샛맑았다는 것이다.

―『文章』1권 5집(1939.6)

---

¹ **벌불 작난**: 쥐불놀이. 들판에 불을 놓는 장난.
² **싸개동당**: 어린아이가 자면서 오줌똥을 가리지 못하고 마구 싸서 자리를 온통 질펀하게 만들어 놓는 일.
³ **잘망하니**: 하는 행동이나 모양새가 잘고 얄밉게.
⁴ **인간**: '식구 또는 가족'을 평북 지방에서 범칭하는 말.

⁵ **물외** : 오이.
⁶ **당콩** : '강낭콩'의 평안방언.
⁷ **밭마당** : 바깥마당.
⁸ **재밤중** : 한밤중.
⁹ **쥐발** : 주발. 놋쇠로 만든 밥그릇.
¹⁰ **굳은 밥을 모르던때** : 젖만 먹던 어린 때.

安東^{안동1}

異邦^{이방}거리는
비오듯 안개가 나리는속에
안개가튼 비가 나리는속에

異邦거리는
콩기름 쪼리는 내음새속에
섭누에번디² 삶는 내음새속에

異邦거리는
독기날 별으는³ 돌물네⁴소리속에
되광대⁵ 켜는 되양금⁶소리속에

손톱을 시펄하니 길우고 기나긴 창꽈쯔를⁷ 즐즐 끌고시펏다
饅頭^{만두}꼭갈⁸을 눌러쓰고 곰방대를 물고가고시펏다
이왕이면 香^향내노픈 취향梨^리돌배⁹ 움퍽움퍽 씹으며 머리채 츠렁츠렁
발굽을차는 꾸냥¹⁰과 가즈런히 雙馬車^{쌍마차} 몰아가고 싶었다

— 『朝鮮日報』(1939.9.13)

---

¹ **安東**: 중국 랴오닝 성[遼寧省] 남동쪽의 도시. 1965년에 '단동丹東시'로 됨.
² **섭누에번디**: 산누에 번데기.
³ **별으는**: 벼리는. 날카롭게 만드는.
⁴ **돌물네**: 참바나 고삐 따위를 꼬는 데 쓰는 기구.

5 **되광대** : 중국인 광대를 낮잡아 이르는 말.
6 **되양금** : 중국의 양금를 낮잡아 이르는 말.
7 **창꽈쯔** : 장꽤자長掛子. 중국식 긴 저고리.
8 **饅頭꼭갈** : 만두 모양의 모자.
9 **취향梨돌배** : 중국 배의 한 종류. 향이 그윽한 게 특징이다.
10 **꾸냥** : 고랑姑娘. 처녀를 뜻하는 중국말.

咸南道安[함남도안]1

高原線[고원선]2 終點[종점]인 이 적은 停車場[정거장]엔
그렇게도 우쭐대며 달가불시며3 뛰어오던 뽕뽕車[차]4가
가이없이 쓸쓸하니도 우두머니5 서있다

해빛이 초롱불같이 히맑은데
해정한6 모래부리7 플랫폼에선
모두들 쩔쩔끊른 구수한 귀이리茶[차]를 마신다

七星[칠성]고기8라는 고기의 쩜벙쩜벙 뛰노는 소리가
쨋쨋하니9 들려오는 湖水[호수]까지는
들죽10이 한불11 새까마니 익어가는 망연한 벌판을 지나가야 한다.

―『文章』1권 9호(1939.10)

---

1 **道安** : 함경남도 신흥군(현재 부안군)에 있는 지명.
2 **高原線** : 함흥과 부전고원을 잇는 철도 신흥선新興線을 말함.
3 **달가불시며** : 호들갑을 떨며.
4 **뽕뽕車** : 협궤열차.
5 **우두머니** : 우두커니.
6 **해정한** : 깨끗하고 단정한.
7 **모래부리** : 사취砂嘴. 모래가 해안을 따라 운반되다가 바다 쪽으로 계속 밀려 나가 쌓여 형성되는 해안 퇴적 지형. 한쪽 끝이 모래의 공급원인 육지에 붙어 있는 것이 특색이다.
8 **七星고기** : 칠성괴기. 뱀장어의 함경방언.

9 **쨋쨋하니** : 짯짯하다. 소리가 높고 새되다.
10 **들쭉** : 들쭉나무의 열매.
11 **한불** : 한가득. 빽빽하게 덮여 있거나 깔려 있는 모양.

球場路^{구장로1}
—西行詩抄^{서행시초} 1

　　三里^{삼리}박 江^강쟁변²엔 자갯돌³에서
　　비멀이한⁴ 옷을 부승부승⁵ 말려입고 오는 길인데
　　山^산모롱고지⁶ 하나 도는 동안에 옷은 또 함북저젓다

　　한二十里^{이십리} 가면 거리라든데
　　한겻⁷ 남아 걸어도 거리는 뵈이지 안는다
　　나는 어니 외진 山길에서 맛난 새악시가 곱기도 하든것과
　　어니메 江^강물속에 들여다 뵈이든 쏘가리가 한자나 되게 크든것을 생각하며
　　山비에 저젓다는 말럿다 하며 오는길이다

　　이젠 배도 출출히 곱핫는데
　　어서 그 옹기장사가 온다는 거리로 들어가면 무엇보다도 몬저『酒類販賣業^{주류판매업}』이라고
　　써부친 집으로 들어가자

　　그 뜨수한 구들에서
　　따끈한 三十五度^{삼십오도} 燒酒^{소주}나 한잔 마시고
　　그리고 그 시래기국에 소피⁸를 너코 두부를 두고 끌인 구수한 술국을 트근히⁹ 멫사발이고 왕사발도 멫사발이고 먹자

　　　　　　　　　　　　　—『朝鮮日報』(1939.11.8)

1 **球場路** : 평안북도 영변군 용산면(현재 구장군 구장읍)에 있는 지명.
2 **江쟁변** : 강변.
3 **자갯돌** : 자갈. 자개같이 고운 돌 '자개'는 '자갈'의 평안방언.
4 **비멀이한** : '비머리하다'는 순우리말로 온몸이 비에 흠뻑 젖다.
5 **부숭부숭** : 잘 말라서 물기가 없는 상태.
6 **山모롱고지** : '산모퉁이의 휘돌아 들어가는 부분'을 이르는 '산모롱이'의 평안방언
7 **한겻** : 하루 낮의 4분의 1쯤 되는 동안. 반나절.
8 **소피** : 선지. 소의 피를 식혀서 굳힌 것.
9 **트근히** : '수북하게' '수두룩하게'의 평안방언.

北新^{북신1}
— 西行詩抄^{서행시초} 2

거리에서는 모밀내가 났다
부처를 위하는 정갈한 노친네의 내음새 가튼 모밀내가 났다

어쩐지 香山^{향산2} 부처님이 가까웁다는 거린데
국수집에서는 농짝³가튼 도야지를 잡어걸고 국수에 치는 도야지고기는 돗바늘⁴가튼 털이 드문드문 백엿다⁵
나는 이 털도 안뽑은 도야지 고기를 물구럼이 바라보며
또 털도 안 뽑는 고기를 시껌언 맨모밀국수에 언저서 한입에 꿀꺽 삼키는 사람들을 바라보며
나는 문득 가슴에 뜨끈한것을 느끼며
小獸林王^{소수림왕}을 생각한다 廣開土大王^{광개토대왕}을 생각한다

—『朝鮮日報』(1939.11.9)

---

¹ **北新**: 평안북도 영변군 북신현면(현재 향산군 북신현리)을 이르는 지명.
² **香山**: 묘향산.
³ **농짝**: 옷이나 물건을 넣어 두는 데 쓰는 가구.
⁴ **돗바늘**: 돗자리 등을 꿰맬 때 쓰는 크고 굵은 바늘.
⁵ **백엿다**: 박혔다.

八院팔원1
―西行詩抄서행시초 3

차디찬 아침인데
妙香山行묘향산행 乘合自動車승합자동차는 텅하니 비어서
나이 어린 계집아이 하나가 오른다
옛말속 가치 진진초록 새저고리를 입고
손잔등이 밧고랑처럼 몹시도 터젓다
계집아이는 慈城자성4으로 간다고하는데
자성은 예서 三百五十里삼백오십리 妙香山묘향산百五十里백오십리
妙香山 어디메서 삼촌이 산다고 한다
쌔하야케 얼은 自動車자동차 유리창박게
內地人내지인 駐在所長주재소장6가튼 어른과 어린아이 둘이 내임을 낸다7
계집아이는 운다 느끼며 운다
텅 비인 車차안 한구석에서 어느 한사람도 눈을 씻는다
계집아이는 멫해고 內地人 駐在所長집에서
밥을 짓고 걸레를 치고 아이보개를 하면서
이러케 추운 아침에도 손이 꽁꽁얼어서
찬물에 걸레를 첫슬것이다

― 『朝鮮日報』(1939.11.10)

---

1 **八院** : 평안북도 영변군 팔원면(현재 영변군 팔원노동자구)을 이르는 지명.
2 **옛말** : 옛날 이야기.
3 **진진초록** : 매우 진한 초록.

⁴ **慈城** : 평안북도 자성군 자성면을 이르는 지명. 중국과 인접한 매우 추운 지역.
⁵ **內地人** : 식민지시기에 일본인을 가리키는 말.
⁶ **駐在所** : 일제강점기에 순사가 머무르면서 사무를 맡아보던 경찰의 말단 기관.
⁷ **내임을 낸다** : 배웅을 한다. '냄'은 배웅의 북한어.
⁸ **아이보개** : 애보개. 아이를 돌보는 일을 맡아 하는 사람.
⁹ **걸레** : 걸레.

月林^{월림1}장
— 西行詩抄^{서행시초} 4

'自是東北八○粁熙川^{자시동북팔십천희천}'2의 標^표말이 선곳
돌능와집3에 소달구지에 싸리신4에 옛날이 사는 장거리에
어니5 근방 山川^{산천}에서 덜걱이6 꿱꿱 검방지게7 운다

초아흐레 장판에
산 멧도야지 너구리가죽 튀튀새8 낫다
또 가얌9에 귀이리10에 도토리묵 도토리범벅도낫다

나는 주먹다시11 가튼 띨당이12에 꿀보다도 달다는 강낭엿을 산다
그리고 물이라도 들듯이 샛노라티 샛노란 山^산골 마가을13 벼테 눈이 시울도록14 샛노라티 샛노란 햇기장15 쌀을 주물으며
기장쌀은 기장찻떡16이 조코 기장차랍17이 조코 기장감주가 조코 그리고 기장쌀로 쑨 호박죽은 맛도 잇는것을 생각하며 나는 기뿌다

— 『朝鮮日報』(1939.11.11)

---

[1] **月林** : 평안북도 영변군 북신현면(현재 향산군 임흥리)에 있는 마을 이름.
[2] **自是東北八○粁熙川** : '이곳으로부터 동북쪽 80킬로미터 지점에 희천이 있다'는 뜻. 실제로 월림에서 희천까지는 80킬로미터가 되지 않지만, 지형이 험해서 실제보다 멀게 표기한 듯하다. '천粁은 킬로미터를 뜻하는 일본식 한자.
[3] **돌능와집** : 기와 대신 얇은 돌조각을 지붕으로 인 집. 너와집.
[4] **싸리신** : 싸릿대를 얼기설기 엮어서 발에 신도록 만든 물건.

⁵ **어니** : 어느.
⁶ **덜걱이** : '장끼수꿩'의 평안방언.
⁷ **검방지게** : 건방지게.
⁸ **튀튀새** : 티티새. 지빠귀. 개똥지빠귀. 다른 새의 울음소리를 흉내 내는 습성이 있다.
⁹ **가얌** : 개암. 개암나무의 열매.
¹⁰ **귀이리** : 귀리. 볏과에 속한 두해살이풀, 귀리의 열매. 식용이나 알코올, 과자의 원료, 가축의 사료로 쓰인다.
¹¹ **주먹다시** : 주먹을 거칠게 일컫는 말.
¹² **띨당이** : 떡덩이.
¹³ **마가을** : '늦가을'의 북한어.
¹⁴ **시울도록** : 눈이 부셔서 바로보기가 거북하다.
¹⁵ **기장** : 볏과에 속한 한해살이풀인 '기장'의 열매, '황실黃實'이라고도 하는데 엷은 누런색으로 떡, 술, 엿, 빵 따위의 원료나 가축의 사료로 쓰인다.
¹⁶ **찻떡** : 인절미의 방언.
¹⁷ **차랍** : 찰밥의 평안방언.

木具^{목구}

　五代^{오대}나 날인다는 크나큰집 다 찌글어진 들지고방¹ 어득시근한² 구석에서 쌀독과 말쿠자³와 숫돌과 신뚝과 그리고 넷적과 또 열두 데석남⁵과 친하니 살으면서

　한 해에 몇 번 매연지난⁶ 먼 조상들의 최방등 제사⁷에는 컴컴한 고방 구석을 나와서 대멀머리⁸에 외앗맹건⁹을 질으터 맨¹⁰ 늙은 제관의 손에 정갈히 몸을 씻고 교우¹¹ 옿에 모신 신주¹² 앞에 환한 초불밑에 피나무 소담한 제상위에 떡 보탕¹³ 시케 산적 나물지짐 반봉¹⁴ 과일들을 공손하니 받들고 먼 후손들의 공경스러운 절과 잔을 굽어보고 또 애끓는 통곡과 축⁵을 귀에하고¹⁶ 그리고 합문¹⁷뒤에는 흠향¹⁸오는 구신들과 호호히¹⁹ 접하는것

　구신과 사람과 넋과 목숨과 있는것과 없는것과 한줌흙과 한점살과 먼 넷조상과 먼 훗자손의 거룩한 아득한 슬픔을 담는것

　내 손자의 손자와 손자와 나와 할아버지와 할아버지의 할아버지와 할아버지의 할아버지의 할아버지와…… 水原白氏^{수원백씨} 定州白村^{정주백촌}20의 힘세고 꿋꿋하나 어질고 정많은 호랑이 같은 곰같은 소같은 피의 비같은 밤같은 달같은 슬픔을 담는것 아 슬픔을 담는것

— 『文章』2권 2호(1940.2)

¹ 들지고방 : 들쥐고방. 들쥐가 사는 고방으로 다 찌그러진 집의 허름한 고방. '고방'

은 세간이나 그 밖의 여러 가지 물건을 넣어 두는 곳.
2 **어득시근한** : 어둑시근하다. 어스레하다의 평북, 함북방언.
3 **말쿠지** : 말코지. 가지가 여러 개 돋친 나무를 짤막하게 잘라서 노끈으로 매달아 물건을 걸어 두는 데 쓰는 나무 갈고리.
4 **신뚝** : 신주. 죽은 사람의 이름과 죽은 날짜를 적어 붙이는 나무패.
5 **데석님** : 제석신帝釋神. 무당이 섬기는 신의 하나로서 집안의 수명이나 곡물, 의류, 화복을 주관하는 신.
6 **매연지난** : 매연媒緣 사물의 인연이 끝난.
7 **최방등 제사** : 평북 정주 지방의 토속적인 제사 풍속으로 5대 이상의 조상 제사를 차손次孫이 맡아서 지내는 것을 뜻하는 말.
8 **대멀머리** : 대머리.
9 **외얏맹건** : 오얏망건. 망건을 눌러쓴 품이 오얏꽃같이 단정하게 보인다는 데서 온 말.
10 **질으터 맨** : 졸라맨. '지르트다'는 '망건 등을 쓸 때 뒤통수 쪽을 세게 눌러서 망건 편자를 졸라매다'는 뜻.
11 **교우** : 교의交椅. 제사를 지낼 때 신주를 모시는 다리가 긴 의자.
12 **신주** : 죽은 사람의 위位를 모시는 나무패.
13 **보탕** : 제기에 담긴 탕.
14 **반봉** : 제물로 쓰는 생선 종류의 통칭.
15 **축** : 축문祝文 제사를 지낼 때 신명神明에게 고하는 글.
16 **귀에하고** : 귀 기울여 듣고.
17 **합문** : 합문闔門. 제사 음식을 물리기 전에 잠시 문을 닫거나 병풍으로 가리는 제사의 한 절차.
18 **흠향** : 흠향歆饗. 신명神明이 제물을 받아서 먹는 것.
19 **호호히** : 한없이 넓고 크게.
20 **定州白村** : 정주 지역의 백촌 마을, 혹은 정주에 수원 백씨들이 모여 사는 집성촌

수박씨, 호박씨

어진 사람이 많은 나라에 와서
어진 사람의 즛을 어진사람의 마음을 배워서
수박씨 닦은것을 호박씨 닦은것을 입으로 앞니빨로 밝는다

수박씨 호박씨를 입에 넣는 마음은
참으로 철없고 어리석고 게으른 마음이나
이것은 또 참으로 밝고 그윽하고 깊고 무거운 마음이라
이마음 안에 아득하니 오랜 세월이 아득하니 오랜 지혜가 또 아득하니 오랜 人情인정이 깃들인 것이다
　泰山태산의 구름도 黃河황하의 물도 옛님군의 땅과 나무의 덕도 이마음안에 아득하니 뵈이는 것이다

이 적고 가부엽고 갤족한 희고 깜안 씨가
조용하니 또 도고하니 손에서 입으로 입에서 손으로 올으날이는 때
벌에 우는 새소리도 듣고싶고 거문고도 한곡조 뜯고싶고 한 五天오천말 남기고 函谷關함곡관도 넘어가고싶고
기쁨이 마음에 뜨는 때는 희고 깜안 씨를 앞니로 까서 잔나비가 되고
근심이 마음에 앉는때는 희고 깜안 씨를 혀끝에 물어 까막까치가 되고

어진 사람이 많은 나라에서는
五斗米오두미를 버리고 버드나무아래로 돌아온 사람도
그 넢차개에 수박씨 닦은것은 호박씨 닦은것은 있었을것이다
나물먹고 물마시고 팔벼개하고 누었든 사람도

그 머리 맡에 수박씨 닦은것은 호박씨 닦은것은 있었을것이다.

— 『人文評論』 9호(1940.6)

1 줏 : 짓. 행동.
2 닦은 : '볶은'의 평안방언.
3 밝는다 : 바른다. '밝다'는 '껍질을 벗기어 속에 들어 있는 알맹이를 집어내다'는 뜻.
4 가부엽고 : 가볍고.
5 갤쭉한 : 길쭉한. 너비보다 길이가 좀 긴.
6 도고하니 : 도고道高하니. 의젓하고 단정하게.
7 五千말 남기고 函谷關도 넘어가고 : 노자가 함곡관을 지날 때 함곡관의 관리에게 오천자의 『도덕경』을 써 주었다는 고사의 인유引喩.
8 까막까치 : 까마귀와 까치를 아울러 이르는 말.
9 五斗米 : '다섯 말의 쌀'이라는 뜻으로 얼마 안 되는 봉급을 이르는 말. 중국의 도연명이 현감으로 있을 때 오두미 때문에 허리를 굽힐 수 없다고 하면서 벼슬을 버리고 귀거래사를 읊으며 전원으로 돌아갔다는 데서 유래한 표현이다.
10 버드나무 : 도연명의 집 앞에 있었다는 버드나무. 도연명을 '오류선생五柳先生'이라고 부르는데, 이는 그의 집 앞에 있던 다섯 그루의 버드나무에서 유래하였다고 전해진다.
11 녚차개 : 옆차개. 허리에 차도록 만들어진 주머니. 호주머니의 황해도 방언.

北方^{북방}에서

―鄭玄雄^{정현웅1}에게

아득한 녯날에 나는 떠났다
扶餘^{부여}를 肅愼^{숙신}을 勃海^{발해}를 女眞^{여진}을 遼^요를 金^{금2}을,
興安嶺^{흥안령}을 陰山^{음산}을 아무우르4를 숭가리5를.
범과 사슴과 너구리를 배반하고
송어와 메기와 개구리를 속이고 나는 떠났다.

나는 그때
자작나무와 익갈나무6의 슬퍼하든것을 기억한다
갈대와 장풍7의 붙드든8 말도 잊지않었다
오로촌9이 멧돌10을 잡어 나를 잔치해 보내든것도
쏠론11이 십리길을 딸어나와 울든것도 잊지않었다.

나는 그때
아모 익이지못할 슬픔도 시름도 없이
다만 게을리 먼 앞대12로 떠나나왔다
그리하여 따사한 해스귀13에서 하이얀 옷을 입고 매끄러운 밥을먹고 단 샘을 마시고 낮잠을 잤다
밤에는 먼 개소리에 놀라나고
아픔에는 지나가는 사람마다에게 절을 하면서도
나는 나의 부끄러움을 알지못했다.

그 동안 돌비14는 깨어지고 많은 은금보화는 땅에 묻히고 가마귀도 긴

족보를 이루었는데

  이리하야 또 한 아득한 새 녯날이 비롯하는때

  이제는 참으로 익이지못할 슬픔과 시름에 쫓겨

  나는 나의 녯 한울로 땅으로―나의 胎盤^{태반}으로 돌아왔으나

  이미 해는 늙고 달은 파리하고 바람은 미치고 보래구름¹⁵만 혼자 넋없이 떠도는데

  아, 나의 조상은 형제는 일가친척은 정다운 이웃은 그리운것은 사랑하는것은 우럴으는 것은 나의 자랑은 나의 힘은 없다 바람과 물과 세월과 같이 지나가고 없다

―『文章』2권 6호, 6·7월호(1940.7)

---

¹ **鄭玄雄** : 백석과 같은 시대에 활동한 삽화가. 많은 문인들의 삽화를 그렸으며, 백석의 옆모습 스케치와 인상기를 『문장』에 싣기도 했다.
² **夫餘, 肅愼, 渤海, 女眞, 遼, 金** : 중국 동북부와 한반도 주변에 있던 옛 나라들.
³ **興安嶺, 陰山** : 중국 동북부에 있는 산계와 산맥.
⁴ **아무우르** : 아무르, 흑룡강黑龍江의 러시아 이름.
⁵ **숭가리** : 송화강松花江. 백두산에서 발원하여 북으로 흐르다 눈강嫩江과 합류하여 흑룡강으로 빠진다.
⁶ **익갈나무** : 잎갈나무. 전나무과에 속하는 침엽 교목.
⁷ **장풍** : 창포菖蒲와 같은 말.
⁸ **붙드던** : 붙들다.
⁹ **오로촌** : 오로촌Orochon족. 에벤크족. 시베리아와 중국 북부에 사는 민족이다. 러시아에서는 한때 오로촌족과 함께 퉁구스(Tungus)로 불렸는데, 이는 야쿠트족 말로 타타르족을 이르는 말이다.
¹⁰ **멧돌** : 매톨. 멧돼지의 함북방언.

¹¹ **쏠론** : 솔론Solon족. 아무르강의 남쪽에 분포하는 남방 퉁구스족의 한 분파.
¹² **앞대** : 평안도에서 볼 때 남쪽 지방을 가리키는 말.
¹³ **해스귀** : 햇발.
¹⁴ **돌비** : 돌로 만든 비석.
¹⁵ **보래구름** : 보랏빛 구름. '보래'는 '보라'의 평북 방언.

許俊[허준]

그 맑고 거룩한 눈물의 나라에서 온 사람이여
그 따마하고 살틀한 볓살의 나라에서 온 사람이여

눈물의 또 볓살의 나라에서 당신은
이 세상에 나들이를 온것이다
쓸쓸한 나들이를 단기려 온것이다

눈물의 또 볓살의 나라 사람이여
당신이 그 긴 허리를 굽히고 뒷짐을 지고 지치운 다리로
싸움과 흥정으로 왁자짓걸하는 거리를 지날때든가
추운겨울밤 병들어누은 가난한 동무의 머리맡에 앉어
말없이 무릎우 어린고양이의 등만 쓰다듬는때든가
당신의 그 고요한 가슴안에 온순한 눈가에
당신네 나라의 맑은 한울이 떠오를것이고
당신의 그 푸른 이마에 삐여진 억개쭉지에
당신네 나라의 따사한 바람결이 스치고 갈것이다

높은산도 높은 꼭다기에 있는듯한
아니면 깊은 물도 깊은 밑바닥에 있는듯한 당신네 나라의
하늘은 얼마나 맑고 높을것인가
바람은 얼마나 따사하고 향기로울 것인가
그리고 이 하늘아래 바람결속에 퍼진
그 풍속은 인정은 그리고 그말은 얼마나 좋고 아름다울 것인가

다만 한 마람 목이 긴 詩人시인은 안다

「도스토이엪흐스키」며 「죠이쓰」며 누구보다도 잘 알고 일등가는 소설도 쓰지만

아모것도 모르는 듯이 어드근한⁸ 방안에 굴어⁹ 게으르는것을 좋아하는 그 풍속을

사랑하는 어린것에게 엿한가락을 아끼고 위하는 안해에겐 해진 옷을 입히면서도

마음이 가난한 낯설은 마람에게 수백량돈을 거저 주는 그 인정을 그리고 또 그 말을

마람은 모든것¹⁰을 다 잃어벌이고 넋하나를 얻는다는 크나큰 그 말을

그 멀은 눈물의 또 볏살의 나라에서

이 세상에 나들이를 온 사람이여

이 목이 긴 詩人이 또 게산이¹¹처럼 떠곤다고¹²

당신은 쓸쓸히 웃으며 바둑판을 당기는구려

— 『文章』(1940.11)

¹ **許俊**: 평북 용천 출신의 소설가. 백석의 절친한 친구. 1936년 『朝光』에 「탁류」를 발표하며 등단하였고 소설집으로 『잔등』(1946)이 있다.
² **거륵한**: 거룩한.
³ **따마하고**: '따사하고'의 오자로 보인다.
⁴ **살틀한**: 살뜰한.
⁵ **볏살**: 내쏘는 햇빛.
⁶ **단기려**: 다니러.
⁷ **삐여진**: 삐여지다. 흐트러지다. 여러 가닥으로 흩어져 이리저리 얽히다.

⁸ **어드근한** : 어두운.
⁹ **굴어** : 뒹굴어.
¹⁰ **마람** : "다만 한마람," "낯설은 마람에게," "마람은 모든것" : 이 구절들의 '마람'은 모두 '사람'의 오자로 보인다.
¹¹ **게산이** : '거위'의 방언.
¹² **떠곤다고** : 떠고다. '떠들다'의 평북방언.

『호박꽃 초롱』[1] 序詩^{서시}

한울은
울파주가에 우는 병아리를 사랑한다.
우물돌 아래 우는 돌우래를 사랑한다.
그리고 또
버드나무밑 당나귀 소리를 임내내는 詩人^{시인}을 사랑한다.

한울은
풀 그늘밑에 삿갓쓰고 사는 버슷을 사랑한다
모래속에 문잠그고 사는 조개를 사랑한다
그리고 또
두틈한 초가집웅밑에 호박꽃 초롱 혀고[6] 사는 詩人을 사랑한다

한울은
공중에 떠도는 힌구름을 사랑한다.
골자구니로 숨어흐르는 개울물을 사랑한다.
그리고 또
안윽하고 고요한 시골 거리에서 쟁글쟁글 햇볓만 바래는 詩人을 사랑한다.

한울은
이러한 詩人이 우리들속에 있는것을 더욱 사랑하는데
이러한 詩人이 누구인것을 세상은 몰라도 좋으나
그러나
그이름이 姜小泉^{강소천}[7]인것을 송아지와 꿀벌은 알을것이다

— 강소천, 『호박꽃 초롱』, **博文書館**(1941.1)

[1] 『**호박꽃 초롱**』: 1941년 박문서관에서 발간된 강소천姜小泉의 동시집. 강소천은 함흥 영생고보 시절 백석의 제자이며, 이 시는 『호박꽃 초롱』에 수록된 백석의 축시이다.
[2] **울파주** : '울바자'의 평안방언. 대, 수수깡, 갈대 따위를 엮거나 결어서 만든 울타리.
[3] **돌우래** : 도루래. '땅강아지'의 평북방언. 귀뚜라미처럼 앞날개의 날개 맥이 발성 기관을 가지고 있어서 소리를 냄.
[4] **임내** : '흉내'의 방언.
[5] **버슷** : '버섯'의 함경방언.
[6] **혀고** : 켜고.
[7] **姜小泉** : 아동 문학가(1915~1963). 강용률龍律로 등단. 동요 「민들레와 울 아기」가 『조선일보』 신춘문예에 당선된 이후, 아동 문학의 보급과 육성에 힘썼다. 작품에 「돌멩이」, 「토끼 삼형제」, 「전등불 이야기」 등이 있으며 대표작으로 동화집 『꿈을 찍는 사진관』, 동시집 『호박꽃 초롱』 등이 있다.

歸農귀농

白狗屯백구둔의 눈녹이는 밭가운데 땅풀리는 밭가운데
촌부자 老王노왕2하고 같이 서서
밭최뚝에 즘부러진4 땅버들5의 버들개지 피여나는데서
볕은 장글장글6 따사롭고 바람은 솔솔 보드라운데
나는 땅님자 老王한테 석상디기7 밭을 얻는다

老王은 집에 말과 나귀며 오리에 닭도 우울거리고8
고방엔 그득히 감자에 콩곡석도 들여 쌓이고
老王은 채매9도 힘이들고 하루종일 百鈴鳥백령조10 소리나 들으려고
밭을 오늘 나한테 주는것이고,
나는 이젠 귀치않은 測量측량도 文書문서도 실증이 나고
낮에는 마음놓고 낮잠도 한잠 자고싶어서.
아전노릇을 그만두고 밭을 老王한테 얻는것이다.

날은 챙챙 좋기도 좋은데
눈도 녹으며 술렁거리고 버들도 잎 트며 수선거리고
저한쪽마을에는 마돗11에 닭개즘생도 들떠들고12
또 아이어른 행길에 뜰악에 사람도 웅성웅성 흥성거려
나는 가슴이 이무슨흥에 벅차오며
이봄에는 이밭에 감자 강냉이 수박에 오이며 당콩에 마눌과 파도 심그리라 생각한다

수박이 열면 수박을 먹으며 팔며

감자가 앉으면 감자를 먹으며 팔며
까막까치나 두더쥐 돗벌기¹³가 와서 먹으면 먹는대로 두어두고
도적이 조금 걷어가도 걷어가는대로 두어두고
아, 老王노왕, 나는 이렇게 생각하노라
나는 老王을 보고 웃어말한다

이리하여 老王은 밭을 주어 마음이 한가하고
나는 밭을 얻어 마음이 편안하고
디퍽디퍽¹⁴ 눈을 밟으며 터벅터벅 흙도 덮으며
사물사물¹⁵ 해볕은 목덜미에 간지로워서
老王은 팔장을 끼고 이랑을 걸어
나는 뒤짐을 지고 고랑을 걸어
밭을 나와 밭뚝을 돌아 도랑을 건너 행길을 돌아
집웅에 바람벽에 울바주¹⁶에 볕살 쇠리쇠리한¹⁷ 마을을 가리치며
老王은 나귀를 타고 앞에 가고
나는 노새를 타고 뒤에 따르고
마을끝 虫王廟충왕묘¹⁸에 虫王충왕을 찾어뵈려 가는 길이다
土神廟토신묘¹⁹에 土神토신도 찾어뵈려 가는 길이다

— 『朝光』 7권 4호(1941.4)

---

¹ **白狗屯**: 중국 길림성 장춘시에 있는 작은 마을 이름.
² **老王**: 라오왕. 왕王씨. '老'는 중국에서 친한 사람을 부를 때 연장자의 성씨 앞에 붙이는 말. 아랫사람에게는 '小샤오'를 붙인다.
³ **밭최뚝**: 밭두둑의 평안방언.
⁴ **즘부러진**: 서로 엉킨 채로 낮게 흩어져 있는.
⁵ **땅버들**: 갯버들.

⁶ **장글장글** : 바람이 없는 날에 해가 살을 지질 듯이 조금 따갑게 끊임없이 내리쬐다.

⁷ **석상디기** : 석섬지기. 석 섬 정도 분량의 곡식을 심을 수 있는 논밭의 넓이.

⁸ **우울거리고** : 우글거리고.

⁹ **채매** : 채마밭.

¹⁰ **百鈴鳥** : 백령조白翎鳥. 몽고종다리. 참새보다 크고 다갈색 깃털에 백색 반점이 있으며 해충을 먹는 농사에 이로운 새.

¹¹ **마돗** : 말과 돼지.

¹² **들떠들고** : 여럿이 모여서 마구 떠들고.

¹³ **돗벌기** : 돼지벌레. 잎벌레. 과수의 잎이나 배추, 무 등의 잎을 갉아먹는 해충.

¹⁴ **디퍽디퍽** : '더퍽더퍽.' 앞을 자세히 살펴보지 않고 자꾸 마구 걸어가는 모양의 북한어.

¹⁵ **사물사물** : 살갗에 작은 벌레가 기어가는 것처럼 간질간질한 느낌.

¹⁶ **울바주** : '울바자'의 평안방언. 대, 수수깡, 갈대 따위를 엮거나 결어서 만든 울타리.

¹⁷ **쇠리쇠리한** : 눈부신. 빛이나 색채가 강렬하여 마주 보기가 어려운 상태에 있다.

¹⁸ **虫王廟** : 벌레의 왕인 충왕虫王을 모신 사당. 중국에서는 풍농을 기원하며 충왕묘에 가서 제사를 지냈음.

¹⁹ **土神廟** : 흙을 맡아 다스린다는 토신을 모신 사당.

국수

눈이 많이 와서
산엣새¹가 벌로 날여² 멕이고³
눈구덩이에 토끼가 더러 빠지기도하면
마을에는 그무슨 반가운것이 오는가보다
한가한 애동들⁴은 여둡도록 꿩사냥을 하고
가난한 엄매는 밤중에 김치가재미⁵로 가고
마을을 구수한 즐거움에 싸서 은근하니 흥성 흥성 들뜨게 하며
이것은 오는것이다
이것은 어늬 양지귀 혹은 능달쪽⁶외따른 산녚⁷은댕이⁸ 예데가리밭⁹ 서
하로밤 뽀오햔 힌김속에 접시귀 소기름불이 뿌우현 부엌에
산멍에¹⁰ 같은 분틀¹¹을 타고 오는것이다
이것은 아득한 녯날 한가하고 즐겁든 세월로부터
실같은 봄비속을 타는 듯한 녀름 별속을 지나서 들쿠레한¹² 구시월 갈
바람속을 지나서
대대로 나며 죽으며 죽으며 나며 하는 이 마을 사람들의 으젓한 마음
을 지나서 텁텁한 꿈을 지나서
집옹에 마당에 우물든덩¹³에 함박눈이 푹푹 싸히는 여늬 하로밤
아배앞에 그어린 아들앞에 아배앞에는 왕사발에 아들앞에는 새끼사발
에 그득히 살이워¹⁴ 오는 것이다
이것은 그 곰의 잔등에 업혀서 길여났다는 먼 녯적 큰마니¹⁵가
또 그 집등색이¹⁶에 서서 자채기를¹⁷ 하면 산넘엣 마을까지 들렸다는
먼 녯적 큰 아바지¹⁸가 오는 것같이 오는것이다

제3부 『사슴』 이후의 시 193

아, 이 반가운 것은 무엇인가

이 히수무레하고 부드럽고 수수하고 슴슴한것은 무엇인가

겨울밤 쩡하니 닉은 동티미국을 좋아하고 얼얼한 댕추[19]가루를 좋아하고 싱싱한 산꿩의 고기를 좋아하고

그리고 담배내음새 탄수[20]내음새 또 수육을 삶는 육수국 내음새 자욱한 더북한 삼방[21] 쩔쩔 끓는 아르굳[22]을 좋아하는 이것은 무엇인가

이 조용한 마을과 이 마을의 으젓한 사람들과 살틀하니 친한것은 무엇인가

이 그지없이 枯淡고담[23]하고 素朴소박한 것은 무엇인가

— 『文章』 3권 4호, 폐간호(1941.4)

---

[1] **산엣새** : 산에 사는 새.
[2] **날여** : 내려와
[3] **멕이고** : 소리를 내고
[4] **애동들** : 아이들. 어린 소나무를 애솔이라고 하듯 아동을 가리키는 말.
[5] **김치가재미** : 겨울에 김치를 묻은 다음, 얼지 않도록 그 위에 지푸라기나 수수깡 따위로 만들어놓은 움막.
[6] **능달쪽** : 응달 쪽.
[7] **산녚** : 길옆이 길의 가장자리이듯 산 옆은 산의 가장자리이다.
[8] **은댕이** : 언저리. 가장자리의 평안방언.
[9] **예데가리밭** : 예대가리, 산의 맨 꼭대기에 있는 오래 묵은 비탈밭.
[10] **산멍에** : 산몽애. 산무애 뱀. 뱀과의 하나. 몸의 길이는 1.4미터 정도이며, 갈색 바탕에 검은색 또는 갈색 무늬가 많다. 네 개의 검은 줄무늬가 머리에서 꼬리까지 있고 개구리, 쥐, 도마뱀, 새 따위를 잡아먹는다. 나병癩病 치료재, 풍약, 보신 강장재로 쓴다. 백화사라고도 한다.
[11] **분틀** : 반죽을 넣어 국수를 뽑는 틀.
[12] **들쿠레한** : 들크레하다. 조금 들큼하다.

13 **우물든덩** : '든덩' '둔덕'의 평안방언. 우물 둘레의 작은 둑 모양으로 된 곳.
14 **살이워** : 동그랗게 포개어 감아서. '사리'는 '포개어 감은 뭉치'를 말함.
15 **큰마니** : 클마니. '할머니'의 방언.
16 **집등색이** : 집등새기. '등새기'는 '등성이'의 평북방언. 그러므로 집등성이.
17 **자채기** : 재채기의 함남방언.
18 **큰 아바지** : '할아버지'의 평안방언.
19 **댕추** : '고추'의 평안방언.
20 **탄수** : 석탄과 물을 아울러 이르는 말.
21 **삳방** : 삳=삿자리의 옛말. 삿자리를 깐 방.
22 **아르굳** : '아랫목'의 평안방언.
23 **枯淡** : 속되지 않으면서도 아취가 있음.

힌 바람벽이 있어

오늘저녁 이 좁다란방의 힌 바람벽에
어쩐지 쓸쓸한것만이 오고 간다
이 힌 바람벽에
히미한 十五燭실오촉 전등이 지치운 불빛을 내어던지고
때글은 다낡은 무명샷쯔가 어두운 그림자를 쉬이고
그리고 또 달디단 따끈한 감주나 한잔 먹고싶다고 생각하는 내 가지가지 외로운 생각이 헤매인다
그런데 이것은 또 어인 일인가
이 힌 바람벽에
내 가난한 늙은 어머니가 있다
내 가난한 늙은 어머니가
이렇게 시퍼러둥둥하니 추운날인데 차디찬 물에 손은 담그고 무이며 배추를 씻고 있다
또 내 사랑하는 사람이 있다
내 사랑하는 어여쁜 사람이
어늬 먼 앞대 조용한 개포가의 나즈막한 집에서
그의 지아비와 마조 앉어 대구국을 끓여놓고 저녁을 먹는다
벌서 어린것도 생겨서 옆에 끼고 저녁을 먹는다
그런데 또 이즈막하야 어늬사이엔가
이 힌 바람벽엔
내 쓸쓸한 얼골을 처다보며
이러한 글자들이 지나간다
— 나는 이 세상에서 가난하고 외롭고 높고 쓸쓸하니 살어가도록 태어

났다

그리고 이 세상을 살어가는데

내 가슴은 너무도 많이 뜨거운것으로 호젓한것으로 사랑으로 슬픔으로 가득찬다

그리고 이번에는 나를 위로하는듯이 나를 울력하는⁵듯이

눈질⁶을하며 주먹질을하며 이런 글자들이 지나간다

— 하눌이 이 세상을 내일적에 그가 가장 귀해하고⁷ 사랑하는것들은 모두

가난하고 외롭고 높고 쓸쓸하니 그리고 언제나 넘치는 사랑과 슬픔속에 살도록 만드신것이다

초생달과 바구지꽃⁸과 짝새⁹와 당나귀가 그러하듯이

그리고 또 「프랑시쓰·쨈」과 陶淵明도연명과 「라이넬·마리아·릴케」가 그러하듯이

— 『文章』 3권 4호, 폐간호(1941.4)

¹ **때글은** : 때에 그은. 때에 절은. 때가 묻어 검게 된.
² **앞대** : 평안도에서 볼 때 남쪽 지방을 가리키는 말.
³ **개포** : 강이나 내에 바닷물이 드나드는 곳.
⁴ **이즈막하야** : 얼마 전부터 이제까지에 이르는 가까운 때.
⁵ **울력하는** : 힘을 북돋는. '울력'은 '여러 사람이 힘을 합하는 것'을 뜻함.
⁶ **눈질** : 눈으로 흘끔 보는 것.
⁷ **귀해하고** : 귀하게 여기고.
⁸ **바구지꽃** : 미나리아재비꽃.
⁹ **짝새** : 딱새.

촌에서 온 아이

촌에서 온 아이여
촌에서 어제밤에 乘合自動車^{승합자동차}를 타고 온 아이여
이렇게 추운데 웃동에 무슨 두룽야 같은것을 하나 걸치고 아래두리는 쪽 발아벗은 아이여
뽈다구에는 징기징기 앙광이를 그리고 머리칼이 놀한 아이여
힘을 쓸랴고 벌서부터 두 다리가 푸둥푸둥하니 살이 찐 아이여
너는 오늘 아츰 무엇에 놀라서 우는구나
분명코 무슨 거즛되고 쓸데없는것에 놀라서
그것이 네 맑고 참된 마음에 분해서 우는구나
이집에 있는 다른 많은 아이들이
모도들 욕심사납게 지게군게 일부러 청을 돋혀서
어린아이들 치고는 너무나 큰소리로 너무나 뒤겁많은 소리로 울어대는데
너만은 타고난 그 외마디소리로 스스로웁게 삼가면서 우는구나
네 소리는 조금 썩심하냐 쉬인듯도 하다
네 소리에 내 마음은 반끗히 밝어오고 또 호끈히 더워오고 그리고 즐거워온다
나는 너를 껴안어 올려서 네 머리를 쓰다듬고 힘껏 네 적은 손을 쥐고 흔들고 싶다
네 소리에 나는 촌 농사집의 저녁을 짚는때
나주볓이 가득 들이운 밝은 방안에 혼자 앉어서
실감기며 버선짝을 가지고 쓰렁쓰렁 노는 아이를 생각한다
또 녀름날 낮 기운때 어른들이 모두 벌에 나가고 텅 뷔인 집 토방에서

햇강아지[15]의 쌀랑대는 성화를 받어가며 닭의 똥을 주워먹는 아이를 생각한다

촌에서 와서 오늘 아츰 무엇이 분해서 우는 아이여

너는 분명히 하늘이 사랑하는 詩人^{시인}이나 농사군이 될 것이로다

— 『文章』 3권 4호, 폐간호(1941.4)

[1] **웃동** : '윗도리'의 평안방언.
[2] **두룽이** : 도롱이. 재래식 우장의 한 가지로 짚이나 띠 같은 풀로 안을 엮고 겉은 줄기를 드리워 끝이 너덜너덜함.
[3] **징기징기** : 엉기정기. 질서 없이 여기저기 벌여 놓은 모양.
[4] **앙광이** : 앙괭이. 음력 섣달 그믐날 밤에, 잠을 자는 사람의 얼굴에 먹이나 검정으로 함부로 그려 놓는 일.
[5] **놀한** : 노란.
[6] **지게굳게** : 고집스럽게. '성질이 싹싹하지 못하고 검질기며 고집이 세어 남의 말을 잘 듣지 않는 태도'를 뜻함.
[7] **청을 돋혀서** : 목청을 높여서.
[8] **튀겁** : 취겁. 사람이 무르고 겁이 많아 쓰일 데가 없음.
[9] **썩심하니** : 썩 심하게.
[10] **반끗히** : 방끗이. 닫혀 있는 입이나 문 따위가 소리 없이 살그머니 열리는 모양.
[11] **호끈히** : 작은 것이 뜨거운 기운을 받아 갑자기 조금 달아오르는 모양의 북한어.
[12] **나주볓** : 저녁볕. '나주'는 '저녁'의 방언.
[13] **실감기** : 실감개. 실을 감아 두는 물건.
[14] **쓰렁쓰렁** : 일을 정성껏 하지 않는 모양.
[15] **햇강아지** : 그해에 새로 태어난 강아지.

澡塘조당1에서

나는 支那지나2나라사람들과 가치 목욕을 한다
무슨 殷은이며 商상이며 越월이며하는 나라사람들의 후손들과 가치
한물통안에 들어 목욕을 한다
서로 나라가 달은 사람인데
다들 쪽발가벗고 가치 물에 몸을 녹히고 있는것은
대대로 조상도 서로 모르고 말도 제각금 틀리고 먹고입는것도 모도 달은데
이렇게 발가들벗고 한물에 몸을 씿는 것은
생각하면 쓸쓸한 일이다
이 땐나라사람들이 모두 니먀들이 번번하냐3 넓고 눈은 컴컴하니 흐리고
그리고 길즛한 다리에 모두 민숭민숭 하니 다리털이 없는것이
이것이 나는 웨 작고 슬퍼지는 것일까
그런데 저기 나무판장에 반쯤 나가누워서
나주볓4을 한없이 바라보며 혼자 무엇을 즐기는듯한 목이긴 사람은
陶淵明도연명5은 저러한 사람이였을것이고
또 여기 더운물에 뛰어들며
무슨물새처럼 악악 소리를 질으는 삐삐 파리한 사람은
楊子양자6라는 사람은 아모래도 이와같었을것만 같다
나는 시방 넷날 晋진이라는 나라나 衛위라는 나라에 와서
내가 좋아하는 사람들을 맞나는것만 같다
이리하야 어쩐지 내마음은 갑자기 반가워지나
그러나 나는 조금 무서웁고 외로워진다
그런데 참으로 그 殷은이며 商상이며 越월이며 衛위며 晋이며하는 나라사

람들의 이 후손들은

　얼마나 마음이 한가하고 게으른가

　더운물에 몸을 불키거나 때를 밀거나 하는것도 잊어벌이고

　제 배꿉을 들여다 보거나 남의 낯을 처다 보거나 하는것인데

　이러면서 그 무슨 제비의 춤이라는 燕巢湯연소탕[8]이 맛도있는것과

　또 어늬바루[9] 새악씨가 곱기도한것 같은것을 생각하는것일것인데

　나는 이렇게 한가하고 게으르고 그러면서 목숨이라든가 人生인생이라든
가 하는것을 정말 사랑할줄아는

　그 오래고 깊은 마음들이 참으로 좋고 우럴어진다

　그러나 나라가 서로 달은 사람들이

　글세 어린 아이들도 아닌데 쪽발가벗고 있는것은

　어쩐지 조금 우스웁기도 하다

　　　　　　　　　　　　　　　—『人文評論』16호(1941.4)

[1] 澡塘 : 공중목욕탕.
[2] 支那 : 중국의 다른 이름.
[3] 殷, 商, 越 : 중국 고대 국가의 이름들.
[4] 니마 : 이마. '이마빼기'('이마'를 속되게 이르는 말)의 평안방언.
[5] 번번하니 : 구김살이나 울퉁불퉁한 데가 없고 편편하니.
[6] 나주볓 : 저녁볕. '나조'는 '저녁'의 방언.
[7] 楊子 : 양주楊朱. 중국 춘추전국시대 제자백가의 한 사람.
[8] 燕巢湯 : 연와갱燕窩羹. 중국 요리의 하나로 제비집을 끓여 만든 탕.
[9] 어늬바루 : 어디쯤. '바루'는 '거리의 대략적인 정도를 나타내는 접미사(방언).

杜甫^{두보}나 李白^{이백}같이

오늘은 正月^{정월} 보름이다
대보름 명절인데
나는 멀리 고향을 나서 남의나라 쓸쓸한 객고¹에 있는 신세로다
녯날 杜甫나 李白 같은 이나라의 詩人^{시인}도
먼 타관에 나서 이 날을 맞은일이 있었을것이다
오늘 고향의 내집에 있다면
새옷을 입고 새신도 신고 떡과 고기도 억병² 먹고
일가친척들과 서로 묻여 즐거이 웃음으로 지날것이연만
나는 오늘 때묻은 입듯옷에 마른물고기 한토막으로
혼자 외로히 앉어 이것저것 쓸쓸한 생각을하는것이다
녯날 그 杜甫나 李白 같은 이 나라의 詩人도
이날 이렇게 마른물고기 한토막으로 외로히 쓸쓸한 생각을 한 적도 있었을것이다
나는 이제 어느 먼 윈진 거리에 한고향사람의 조고마한 가업집이 있는것을 생각하고
이집에 가서 그 맛스러운 떡국이라도 한그릇 사먹으리라한다
우리네 조상들이 먼먼 녯날로부터 대대로 이날엔 으레히 그러하며 오듯이
먼 타관에 난 그 杜甫나 李白 같은 이나라의 詩人도
이날은 그어늬 한고향 사람의 주막이나 飯館^{반관}을 찾아가서
그 조상들이 대대로 하던 본대로⁵ 元宵^{원소}⁶라는떡을 입에대며
스스로 마음을 느꾸어⁷ 위안하지 않었을것인가
그러면서 이 마음이 맑은 녯 詩人들은

먼 훗날 그들의 먼 훗자손 들도

그들의 본을 따서 이날에는 元宵원소를 먹을것을

외로이 타관에 나서도 이 元宵를 먹을것을 생각하며

그들이 아득하니 슬펐을듯이

나도 떡국을 노코 아득하니 슬플것이로다

아, 이 正月정월 대보름 명절인데

거리에는 오독독이⁸ 탕탕 터지고 胡弓호궁⁹ 소리 뻘뻘높아서

내쓸쓸한 마음엔 작고 이 나라의 녯詩人시인들이 그들의 쓸쓸한 마음들이 생각난다

내쓸쓸한 마음은 아마 杜甫두보나 李白이백 같은 사람들의 마음인지도 모를것이다

아모려나 이것은 녯투¹⁰의 쓸쓸한 마음이다

— 『人文評論』 16호(1941.4.28)

---

¹ **객고** : 객지에서 겪는 고생.
² **억병** : 매우 많이.
³ **가업집** : 가압집. 떡가압집. '떡집(떡을 만들어 파는 집)'의 평북방언. 여기서는 떡국가압집. 떡국집.
⁴ **飯館** : 음식점.
⁵ **본대로** : 모습대로.
⁶ **元宵** : 대보름날. 원소병元宵餠. 음력陰曆 정월正月 보름날 밤에 먹는 떡.
⁷ **느꾸어** : 느긋하게 하여. 긴장이나 흥분을 풀어.
⁸ **오독독이** : 오독도기. 폭죽. 화약을 재어 점화하면 터지는 소리를 내며 불꽃과 함께 떨어지게 만든 것.
⁹ **胡弓** : 동양 현악기의 하나. 중국의 전통 현악기의 하나. 바이올린과 모양이 유사하다.
¹⁰ **녯투** : 옛날 방식.

머리카락*

큰마니¹야 네머리카락 엄매야 네머리카락 삼춘엄매²야 네머리카락
머리 빗고 빗답³에서 쏭지는⁴ 머리카락
큰마니야 엄매야 삼춘엄매야
머리카락을 텅납새⁵에 끼우는 것은
큰마니머리카락은 아릇간⁶ 텅납새에 엄매머리카락은 웃깐⁷ 텅납새에
삼춘엄매머리카락도 웃깐 텅납새에 텅납새에 끼우는 것은
큰마니야 엄매야 삼춘엄매야
일은⁸ 봄철 산넘어 먼데 해변에서 가무래기⁹오면
힌가무래기 검가무래기 가무래기 사서 하리불¹⁰에 구어먹잔 말이로구나
큰마니야 엄매야 삼춘엄매야
머리카락을 텅납새에 끼우는 것은 또
구시월 황하두¹¹서 황하당세¹²오면
막대침에 가는 세침 바늘이며 취얼옥색 쪽두손이¹³ 연분홍 물감도 사잔 말이로구나

— 『每日新報』(1942.11.15)

---

* 이 시는 시인 김종한의 글 「조선 시단의 진로」(『매일신보』, 1942.11.15)에 삽입되어 발굴·소개되었으며, 이후 김종한이 펴낸 일본어 편역시집 『백설집白雪集』에 「髮の毛」라는 제목으로 수록되었다.
¹ **큰마니** : 클마니. '할머니'의 평안방언.
² **삼춘엄매** : 작은엄마.

³ **빗뎁** : 빗접. 빗, 빗치개와 같이 머리를 빗는데 쓰는 물건을 넣어 두는 도구.
⁴ **쫑지는** : 뭉쳐지는.
⁵ **텅납새** : 청납새. '추녀'의 평안방언.
⁶ **아릇간** : 아랫간.
⁷ **웃칸** : 윗간.
⁸ **일은** : 이른.
⁹ **가무래기** : 모시조개.
¹⁰ **하리불** : 화롯불.
¹¹ **황하두** : 황해도.
¹² **황하당세** : 황화장수. '황아장수'의 평안방언. 집집마다 찾아다니며 여성용품이나 일용잡화를 파는 사람.
¹³ **쪽두손이** : 꼭두서니. 꼭두서니를 원료로 하여 만든 빨간 물감, 혹은 그 빛깔. '꼭두서니'는 꼭두서닛과科에 속한 여러해살이 덩굴풀, 어린잎은 나물로 먹고 뿌리는 물감의 원료나 진통제로 쓰인다.

山^산

머리 빗기가 싫다면
니'가 들구 나서
머리채를 끄을구 오른다는
山이 있었다

山 너머는
겨드랑이에 짖이 돋아서 장수가 된다는
덕거 머리 총각들이 살어서
색씨 처녀들을 잘도 업어 간다고 했다
山마루에 서면
멀리 언제나 늘 그믈그믈
그늘만 친 건넌 山에서
벼락을 맞어 바윗돌이 되었다는
큰 땅괭이 한마리
수염을 뻗치고 건너다보는 것이 무서웠다

그래도 그 쉬영꽃 진달래 빨가니 핀 꽃 바위 너머
山 잔등에는 가지취 뻑국채 게루기 고사리 山나물 판
山나물 냄새 물씬 물씬 나는데
나는 복장 노루를 따라 뛰었다

— 『새한민보』(1947.11)

[1] **니** : 이[蝨]. 사람의 몸에 기생하면서 피를 빨아먹는 매우 작은 해충.
[2] **짗** : 깃. 날개.
[3] **땅쾡이** : 살쾡이.
[4] **쉬영꽃** : 수영꽃. 마디풀과에 딸린 여러해살이풀. 봄에 담홍색의 꽃이 핀다.
[5] **뻭국채** : 국화과의 여러해살이풀.
[6] **게루기** : 게로기. 모싯대. 초롱꽃과에 딸린 여러해살이풀. 산지에 절로 나며 어린 잎과 뿌리는 식용한다.
[7] **복장 노루** : 복작노루. 고라니.

적막강산

오이 밭에 벌 배채 통이 지는 때는
산에 오면 산 소리
벌로 오면 벌 소리

산에 오면
큰 솔 밭에 뻐꾸기 소리
잔 솔 밭에 덜거기 소리

벌로 오면
논두렁에 물닭의 소리
갈밭에 갈새 소리

산으로 요면 산이 들썩 산 소리 속에 나 홀로
벌로 오면 벌이 들석 벌소리 속에 나 홀로

定州^{정주} 東林^{동림} 九十^{구십}여 里^리 긴긴 하로 길에
산에 오면 산 소리 벌에 오면 벌 소리
적막강산에 나는 있노라

― 이 原稿^{원고}는 내가 以前^{이전}에 가지고 잇던것이다………許俊^{허준}
―『新天地』 2권 10호, 11·12합병호(1947.12)

[1] **벌 배채** : 들배추. '배채'는 배추의 방언.
[2] **통이 지는 때** : 배추의 속이 충실히 들어차는 때.
[3] **덜거기** : '장끼(수꿩)'의 평안방언.
[4] **물닭** : 호숫가나 습지에 서식하는 뜸부깃과의 새.
[5] **갈새** : 개개비. 휘파람새과에 딸린 작은 새. 번식기인 초여름에 갈대밭에서 '개개개' 운다고 하여 '개개비'라는 이름이 붙여짐.
[6] **東林** : 평안북도 선천군 심천면(현재 동림군 동림읍)에 있는 마을.
[7] 발표 원문에 이와 같은 내용이 부기되어 있음.

마을은 맨천¹ 구신이 돼서

나는 이 마을에 태어나기가 잘못이다
마을은 맨천 구신이 돼서
나는 무서워 오력²을 펼수없다
자 방안에는 성주님³
나는 성주님이 무서워 토방으로 나오면 토방에는 디운구신⁴
나는 무서워 부엌으로 들어가면 부엌에는 부뜨막에 조앙님⁵

나는 뛰쳐나와 얼른 고방으로 숨어 버리면 고방에는 또 시렁에 데석님⁶
나는 이번에는 굴통 모통이로 달아가는데 굴통⁷에는 굴대장군⁸
얼혼이 나서⁹ 뒤울안으로 가면 뒤울안에는 곱새녕¹⁰ 아래 털능구신¹¹
나는 이제는 할수 없이 대문을 열고 나가려는데
대문간에는 근력 세인¹² 수문장

나는 겨우 대문을 삐쳐나 밖앝으로 나와서
밭 마당귀 연자간¹³ 앞을 지나가는데 연자간에는 또 연자망구신¹⁴
나는 고만 디겁¹⁵을 하여 큰 행길로 나서서
마음 놓고 화리서리¹⁶ 걸어가다 보니

아아 말 마라 내 발뒤축에는 오나 가나 묻어 다니는 달걀구신¹⁷
마을은 온데 간데 구신이 돼서 나는 아무 데도 갈수 없다

― 이 시는 戰爭前전쟁전부터 詩人시인이 하나 둘 써놓았던 作品작품들 中중의 하나로 偶然우연히도 내가 保管보관하여 두었던 것이다―許俊허준¹⁸
― 『新世代』 3권 3호, 서울타임스 出版局(1948.5)

[1] **맨천** : 사방. 이곳저곳 가릴 것 없이 모든 곳.
[2] **오력** : '오금'의 평안 방언. 무릎의 구부러지는 안쪽 부분.
[3] **성주님** : 집을 짓고 지키며 집안의 모든 일이 잘되도록 관장하는 집안의 최고 신.
[4] **디운구신** : 지운地運 귀신. 땅의 운수를 주관하는 귀신.
[5] **조앙님** : 조왕竈王. 부엌을 주관하는 귀신.
[6] **데석님** : 제석신帝釋神. 집안의 수명이나 곡물, 의류, 화복을 주관하는 귀신.
[7] **굴통** : 굴뚝의 북한어.
[8] **굴대장군** : 굴뚝을 주관하는 귀신.
[9] **얼혼이 나서** : 얼이 빠져서.
[10] **곱새녕** : 곱새 이엉. 용마름을 틀어서 씌운 이엉.
[11] **털능구신** : 철륭·철령·철능 귀신. 집터와 장독대를 주관하는 귀신.
[12] **근력 세인** : 힘이 센.
[13] **연자간** : 둥글고 판판한 돌판 위에 그보다 작고 둥근 돌을 옆으로 세우고, 이를 마소가 끌어 돌림으로써 곡식을 찧는 연장.
[14] **연자망구신** : 연자간의 연자망을 주관하는 귀신. '연자망'은 '연자매'의 평안방언.
[15] **디겁** : 기겁. 숨이 막힐 듯이 갑작스럽게 겁을 내며 놀람.
[16] **화리서리** : 마음 놓고 팔을 흔들며 걸어가는 모양.
[17] **달걀구신** : 눈, 코, 입이 없어 마치 달걀처럼 생겼다는 귀신. 주로 측간변소에 나타난다고 함.
[18] 발표 원문에 이와 같은 내용이 부기되어 있음.

七月칠월백중

마을에서는 세불 김[1]을 다 매고 들에서
개장취념[2]을 서너번 하고 나면
백중[3] 좋은 날이 슬그머니 오는데
백중날에는 새악씨들이
생모시치마 천진푀치마[4]의 물팩치기[5] 껑추렁한[6] 치마에
쇠주푀적삼[7] 항나적삼[8]의 자지고름[9]이 기드렁한[10] 적삼에
한끝나게[11] 상 나들이 옷[12]을 있는대로 다 내 입고
머리는 다리[13]를 서너커레씩 들여서
시뻘건 꼬둘채 댕기[14]를 삐두룩하니 해 꽂고
네날백이[15] 따백이 신[16]을 맨발에 바꿔 신고
고개를 몇이라도 넘어서 약물터로 가는데
무썩무썩[17] 더운 날에도 벌 길에는
건들건들 씨연한 바람이 불어오고
허리에 찬 남갑사[18] 주머니에는 오랜만에 돈푼이 들어 즈벅이고[19]
광지보[20]에서 나온 은장두에 바늘집에 원앙에 바둑에
번들번들 하는 노리개는 스르럭 스르럭 소리가 나고
고개를 몇이라도 넘어서 약물터로 오면
약물터엔 사람들이 백재일치듯[21] 하였는데
봉갓집[22]에서 온 사람들도 만나 반가워하고
깨죽이며 문주[23]며 섭가락 앞에 송구떡[24]을 사거 권하거니 먹거니하고
그러다는 백중 물을 내는 소내기를 함뿍 맞고
호주를하니[25] 젖어서 달아나는데
이번에는 꿈에도 못잊는 봉갓집에 가는 것이다

봉가집을 가면서도 七月^{칠월} 그믐 초가을을 할 때까지
평안하니 집사리^{26}를 할 것을 생각하고
애끼는 옷을 다 적시어도 비는 씨원만 하다고 생각한다

(이 詩^{시}는 戰爭前^{전쟁전}부터 내가 간직하여두었던 것을
詩人^{시인}에겐 묻지 않고 敢^{감}이 發表^{발표}한다. 許俊^{허준})^{27}
―『文章』(속간호, 1948.10)

¹ **세불 김** : 세벌 김. '세 번 김을 매었다'는 뜻으로 김매기를 마지막으로 하였다는 의미.
² **개장취념** : 개장국 추렴. 각자 얼마씩의 돈을 내어 개장국을 끓여 먹는 것.
³ **백중** : 백중百中/百衆. 음력 칠월 보름. 불가에서 승려들이 하안거夏安居를 마치고 자신들의 허물을 대중 앞에 드러내어 참회를 구한 날에서 유래하였는데, 이후 농사꾼들이 온갖 음식을 먹으며 운동이나 오락으로 하루를 쉬는 날로 발전하였다.
⁴ **천진푀치마** : 천진포天津布 치마. 중국 천진에서 생산된 베로 만든 치마.
⁵ **물팩치기** : 무릎까지 오는. '물패기'는 '무릎'의 평북방언.
⁶ **껑추렁한** : 껑충한. 치마가 짧아서 다리가 길어 보이는.
⁷ **쇠주푀적삼** : 소주포蘇州布 적삼. 중국 소주에서 생산된 베로 만든 적삼. '적삼'은 '홑옷 저고리'를 말함.
⁸ **항나적삼** : 항라亢羅로 만든 홑옷 저고리. '항라'는 명주나 모시로 성글게 짠 피륙의 하나로 여름 옷감에 적합함.
⁹ **자지고름** : 자지紫地, 자주색. 고름은 옷고름과 같은 말. 자줏빛 옷고름.
¹⁰ **기드렁한** : 기다란.
¹¹ **한끝나게** : 한껏. 할 수 있는 데까지.
¹² **상 나들이 옷** : 가장 좋은 나들이 옷.
¹³ **다리** : 예전에 여자들의 머리숱이 많아 보이라고 덧 넣었던 딴 머리.
¹⁴ **꼬둘채 댕기** : 머리 위에 꽂는 장식으로 가늘고 길게 만든 빳빳한 감촉의 댕기.
¹⁵ **네날백이** : 세로줄을 네 가닥 날로 짠.
¹⁶ **따백이 신** : 곱게 삼은 짚신.

17 **무썩무썩** : 부썩부썩. 마른 물건이 가볍게 부스러질 정도로 건조한.
18 **남갑사** : 남색의 고급 비단. '갑사甲紗'는 얇고 성겨서 여름 옷감으로 매우 좋다.
19 **즈벅이고** : 저벅이고. 물건끼리 묵직하게 부딪히는 소리.
20 **광지보** : '광지'는 '광주리'의 평안 방언. 광주리를 싼 보
21 **백재일치듯** : 백차일白遮日 치듯. 흰옷 입은 사람들이 매우 많이 모인 모양을 이르는 말
22 **봉갓집** : 본가本家집. 친정집.
23 **문주** : 문추. 부침개. '부꾸미'의 방언.
24 **송구떡** : 송기松肌 떡. 소나무의 속껍질을 삶아 우려내어 멥쌀가루와 섞어 찧은 다음 반죽한 것을 솥에 쪄내고 떡메로 쳐서 만든 떡. 봄철 단오에 많이 먹었음.
25 **호주를하니** : '후줄근하게'의 평안 방언.
26 **집사리** : 본가 집살이. 결혼한 여자가 친정에서 살림살이를 하는 일.
27 발표 원문에 이와 같은 내용이 부기되어 있음.

南新義州柳洞朴時逢方 남신의주 유동 박시봉방1

어느 사이에 나는 아내도 없고, 또,
아내와 같이 살던 집도 없어지고,
그리고 살뜰한 부모며 동생들과도 멀리 떨어져서,
그 어느 바람 세인 쓸쓸한 거리 끝에 헤매이었다.
바로 날도 저물어서,
바람은 더욱 세게 불고, 추위는 점점 더해 오는데,
나는 어느 木手목수네 집 헌 샅을 깐,
한 방에 들어서 쥔을 붙이었다.3
이리하여 나는 이 습내 나는 춥고, 누긋한 방에서,
낮이나 밤이나 나는 나 혼자도 너무 많은 것 같이 생각하며,
딜옹배기4에 북덕불6이라도 담겨 오면,
이것을 안고 손을 쬐며 재우에 뜻 없이 글자를 쓰기도 하며,
또 문밖에 나가디두 않구 자리에 누워서,
머리에 손깍지 벼개를 하고 굴기도7 하면서,
나는 내 슬픔이며 어리석음이며를 소 처럼 연하여 쌔김질하는 것이었다.
내 가슴이 꽉 메어 올 적이며,
내 눈에 뜨거운 것이 핑 괴일 적이며,
또 내 스스로 화끈 낯이 붉도록 부끄러울 적이며,
나는 내 슬픔과 어리석음에 눌리어 죽을 수 밖에 없는 것을 느끼는 것이었다.
그러나 잠시 뒤에 나는 고개를 들어,
허연 문창을 바라보든가 또 눈을 떠서 높은 턴정을 쳐다보는 것인데,
이 때 나는 내 뜻이며 힘으로, 나를 이끌어 가는 것이 힘든 일인 것을

생각하고,

　이것들보다 더 크고, 높은 것이 있어서, 나를 마음대로 굴려 가는 것을 생각하는 것인데,

　이렇게하여 여러 날이 지나는 동안에,

　내 어지러운 마음에는 슬픔이며, 한탄이며, 가라앉을 것은 차츰 앙금이 되어 가라앉고,

　외로운 생각만이 드는 때 쯤 해서는,

　더러 나줏손에 쌀랑쌀랑 싸락눈이 와서 문창을 치기도 하는 때도 있는데,

　나는 이런 저녁에는 화로를 더욱 다가 끼며, 무릎을 꿀어 보며,

　어니 먼 산 뒷옆에 바우 섶에 따로 외로이 서서,

　어두어 오는데 하이야니 눈을 맞을, 그 마른 잎새에는,

　쌀랑쌀랑 소리도 나며 눈을 맞을,

　그 드물다는 굳고 정한⁰ 갈매나무¹¹라는 나무를 생각하는 것이었다.

—『學風』(1948.10)

---

¹ **南新義州柳洞朴時逢方** : 유동柳洞은 신의주 남쪽 지역에 있는 마을 이름. 박시봉朴時逢은 화자가 세 들어 살고 있는 집의 주인 이름. '방方'은 편지를 보낼 때 세대주 이름 아래 붙여 그 집에 거처하고 있음을 나타내는 말

² **샅** : 삿자리의 옛말. 갈대를 엮어서 만든 자리.

³ **쥔을 붙이었다** : 주인(쥔)을 정하여 세 들었다.

⁴ **누긋한** : 메마르지 않고 눅눅한.

⁵ **딜옹배기** : 질옹배기. 질흙으로 빚은 옹배기. '옹배기'는 둥글넓적하고 아가리가 벌어진 작은 그릇.

⁶ **북덕불** : 짚북데기를 피운 불. '북데기'는 짚이나 풀, 나무 부스러기 등이 뒤섞여 엉클어진 뭉텅이.

⁷ **굴기도** : 구르기도.

[8] **나즛손** : 저녁 무렵. '나조'는 '저녁'의 함북방언.
[9] **섶** : 옆. '섶'은 '옆'의 방언.
[10] **정한** : 깨끗하고 바른.
[11] **갈매나무** : 갈매나뭇과의 낙엽 활엽 관목. 높이는 2~5미터이며 껍질은 잿빛이다.

제4부

분단 이후의 동시·동화시

병아리싸움

성난 독수리마냥
두놈이 마주서 노린다
아직 날개쪽지도 자라지않고
젓비린내나는 두놈이

눈알맹이는 팽팽돌고
독사처럼 독오른 주둥이는
금시 간알픈 심장을 쪼아박아
들쨍이 날것만같다

푸드득— 날센 조약과함께
물고 뜯고 재치고
한놈은 기어코
또 한놈의 면두를 물고 늘어졌다

면두에서 피가 흐르고
가슴은 팔닥거려
밑에 깔린 놈이나
위에 덥친 놈이나 쥐죽은듯하다

이윽고 어미닭이 나타났다
두놈은 아무렇지도 않다는듯이
스르르 싸움을 헤치고

어미등에 품에 기여든다

— 『재건타임스』(1952.8.11)

---

[1] 들짱 : 들머리판. 있는 대로 다 들어먹고 끝장나는 판.

까치와 물까치

뭍에 사는 까치
배는 희고 등은 까만 새,
물에 사는 물까치도
배는 희고 등은 까만 새.

까치와 물까치는
그 어느 날
바다'가 산'길에서
서로 만났네,

까치와 물까치는
서로 만나
저마끔 저 잘났단
자랑하였네.

까치는 긴 꼬리 달싹거리며
깍깍 깍깍깍 하는 말이
『내 꼬리는 새까만 비단 댕기』

물까치는 긴 부리 들먹거리며
삐삐 삐리리 하는 말이
『내 부리는 붉은 산호 동곳²』

깍깍 깍깍깍 까치 말이
『내 집은 높다란 들메 나무
맨맨 꼭대기에 지었단다』

삐삐 삐리리 물까치 말이
『내 집은 바다 우 머나 먼 섬
낭떠러지 끝에 지었단다』

깍깍 깍깍깍 까치 말이
『산에 산에 가지가지
새는 많아도
벌레를 잡는 데는
내가 으뜸』

삐삐 삐리리 물까치 말이
『바다에 가지가지
물새 많아도
물 속 고기 잡는데는
내가 으뜸』

깍깍 깍깍깍 까치 말이
『나는나는 재간도
큰 재간 있자―
우리 산'골 뉘 집에
손님 올 걸
나는 먼저 알구
알려 준다누』

삐삐 삐리리 물까치 말이
『나두나두 재간 있지
큰 재간 있자—
우리 개포 바다에
바람이 불 걸
나는 먼저 알구
알려 준다누』

깍깍 깍깍깍 까치 말이
『너는너는 아무래야
보지 못했지,
우리 산골 새로 된 협동조합에
농짝 같은 돼지를 보지 못했지』

삐삐 삐리리 물까치 말이
『너는너는 아무래야
보지 못했지
물 건너 저 앞섬 합작사에
산 같이 쌓인 조기
보지 못했지』

까치는 꼬리만 달싹달싹
한동안 잠잠 말이 없더니
갑자기 깍깍깍
큰 소리 쳤네—
『그래 나는, 우리 나라

많은 곳곳에
새로 선 큰 공장
높은 굴뚝마다에
뭉게뭉게 피여나는
검은 연기 보았지』

물까치는 부리만 들먹들먹
한동안 잠잠 말이 없더니
갑자기 삐리리
큰 소리 쳤네―
『그래 나는, 우리 나라
넓고 넓은 바다에
크나큰 통통선
높은 돛대마다에
펄펄펄 휘날리는
풍어기를 보았지』

그러자 까치는
자랑 그치고
기다란 꼬리를
달싹거리며

『물까치야, 물까치야
서로 자랑 그만하자,
너도 잘난 물새
나도 잘난 산새,
너도 우리 나라 새

나도 우리 나라 새
우리 나라 새들
다 잘났구나!』

이 말 들은 물까치
자랑 그치고
기다란 부리를 들먹거리며

『서로 자랑 그만하자,
너도 잘난 산새
나도 잘난 물새
너도 우리 나라 새
나도 우리 나라 새,
우리 나라 새들
다 잘났구나!』

바다'가 산'길에서
서로 만나
저마끔 저 잘났단
자랑하던
까치와 물까치는
훨훨 날았네─
뭍으로 바다로
쌍을 지어 날았네─

크고도 아름답게 일떠서는
우리 나라

모두모두 구경하려
훨훨 날았네,
모두모두 구경하려
쌍을 지어 날았네.

— 『아동문학』(1956.1)

1 **저마끔** : '저마다'의 방언.
2 **산호 동곳** : 산호로 만든 동곳. '산호'는 산호충의 개체가 죽었을 때 남는 골격으로 바깥쪽은 무르고 속은 단단한 석회질로 되어 있어 속을 가공하여 장식품을 만들며, 예로부터 칠보七寶의 하나로 쳐 왔다. '동곳'은 상투를 튼 후에 상투가 풀어지지 않게 꽂는 물건으로 보통 금, 은, 호박, 비취 따위로 만들며 길이는 약 4센티미터 정도 된다.

지게게네 네 형제

어느 바다'가
물웅덩이에
깊지도 얕지도 않은
물웅덩이에
지게게네 네 형제가
살고 있었네.

막내 동생 하나를
내여 놓은
지게게네 세 형제는
그 누구나
강달소라,[1]
배꼽조개,
우렁이가
부러웠네.

그래서
맏형은
강달소라 껍지 쓰고
강달소라 흉내 내고
강달소라 행세했네.

그래서

둘째 형은
배꼽조개 껍지 쓰고
배꼽조개 흉내 내고
배꼽조개 행세했네.

그래서
세째 형은
우렁이 껍지 쓰고
우렁이 흉내 내고
우렁이 행세했네.

그러나
막내 동생은
아무 것도 아니 쓰고
아무 흉내 내지 않고
아무 행세 아니 하고
지게게로 태여난 것
부끄러워 아니 했네.

그런데
어느 하루
밀물이 많이 밀려
물웅덩이 밀물에
잠겨 버렸네.

이때에 그만이야
강달소라 먹고 사는

이'빨 세인 오뎅야가
밀물 따라
떠 들어와
강달소라 보더니만
우두둑 우두둑 깨물려 드네.

강달소라 껍지 쓰고
강달소라 흉내 내고
강달소라 행세하던
맏형 시세새는
콩만해진 간을 쥐고
허겁지겁 벗어났네
강달소라 껍지 벗고
겨우겨우 살아났네.

그런데
어느 하루
난데 없는 낚시질'군
성큼성큼 오더니
물웅덩이 기웃했네.

이때에 그만이야
망둥이 미끼 하는
배꼽조개 보더니만
낚시질'군
얼른 주워
돌에 놓고 깨려 드네.

배꼽조개 껍지 쓰고
배꼽조개 흉내 내고
배꼽조개 행세하던
둘째 형 지게게는
콩만해진 간을 쥐고
허겁지겁 벗어났네
배꼽조개 껍지 벗고
겨우겨우 살아났네.

그런데
어느 하루
부리 굳은 황새가
진창 묻은 발 씻으러
물웅덩이 찾아왔네

이때에 그만이야
황새가 좋아하는
우렁이 하나
기여 가자
황새의 굳은 부리
우렁이를 쪼려 드네.

우렁이 껍지 쓰고
우렁이 흉내 내고
우렁이 행세하던
세째 형 지게게는

콩만해진 간을 쥐고
허겁지겁 벗어났네
우렁이 껍지 벗고
겨우겨우 살아났네.

그러나
막내 동생
아무 것도 아니 쓰고
아무 흉내 아니 내고
아무 행세 아니 해시
오뎅이가 떠와도
겁 안 나고
낚시질'군 기웃해도
겁 안 나고
황새가 찾아와도
겁 안 났네.

지게게로 태여난 것
부끄러워 아니 하는
막내 동생 지게게는
형들보고 말하였네ㅡ
남의 것만 좋다하고
제것을랑 마다하니
글쎄 그게 될 말이요.

그리하여 그후부터
지게게로 태여난 것

부끄러워 아니 하며
지게게네 네 형제는
평안하게 잘 살았네.

― 『아동문학』(1956.1)

---

[1] **강달소라** : 다슬기. '대수리'의 방언. 골뱅이류의 하나. 껍데기는 실북 모양으로 매우 두껍고 단단하며, 색깔은 잿빛 혹은 잿빛을 띤 푸른색으로 혹 모양의 검은 돌기가 있다. 주로 우리나라의 서해안에 분포한다.
[2] **오뎅이** : 소라 따위를 먹고 사는 바닷고기의 한 종류. 육식성 어류로 아귀, 쏘가리처럼 이빨이 강한 물고기. '오뎅이'를 불가사리로 보기도 함.

우레기

아　이 : 우레기야, 우레기야 너는 어데서 왔니?
우레기 : 나는 넓고 넓은 바다에서, 바다에서도 바위짬에서 왔지.

아　이 : 우레기야, 우레기에 네 살가죽은 왜 그리 시꺼머냐?
우레기 : 바위'돌을 닮노라고 이리도 시껌하지,
　　　　바위같이 시껌해야 사나운 고기를 못 알아보지.

아　이 : 우레기야, 우레기야
　　　　네 대가리 왜 그리 굳으냐?
우레기 : 오나 가나, 자나 깨나
　　　　바위 짬에 사는 나,
　　　　돌같이 굳어야
　　　　대가리가 아니 깨지지.

아　이 : 우레기야, 우레기야
　　　　네 꼬리 왜 그리 뻗뻗하냐?
우레기 : 이리 돌아도 바위'돌에
　　　　저리 돌아도 바위'돌에
　　　　바위'돌에 닳고 쓸려
　　　　굳은 살이 박혔단다.

아　이 : 우레기야, 우레기야
　　　　네 눈깔 왜 그리 툭 나왔나?

우레기 : 힘 센 고기 나를 보고
　　　　무서워 달아나라고,
　　　　약한 고기 나를 보고
　　　　겁이 나 움찍도 못 하라고.

— 『아동문학』(1956.12)

굴

굴은 저 혼자 자라간다,
굴은 엄마 아빠 없이
저 혼자 자라간다.
굴은 엄마도 아빠도 있다고 하나
누군지도 모른다
있는 곳도 모른다.
굴은 가엾구나!
굴은 어떻게 자라가나?

어리디 어린 굴은
저 홀로 바다를 떠다닌다,
갈 곳도 없이 떠다닌다.
그러노라면 날개 아닌 껍지가
왼쪽 겨드랑이에도
바른쪽 겨드랑이에도
가지런히 돋아난다.

굴은 헤엄치기도 지쳐
그 어느 바위'돌에 와서 붙는다,
껍지 하나는 깔고
껍지 하나는 덮고
어린 굴은 예서
저 혼자 집을 짓는다.

죽을 때까지는 아예
떠날 수도 없는
집을 짓는다.

굴은 가엾구나,
그러나 굴은 용하구나!

굴은 어떻게 살아가나?

하루 두 때 드는 밀물에
굴은 웃껍지를 연다,
그리고는 먹이를 잡아 먹는다
물을 들여 마신다.

굴은 이렇게 살며
사나운 고기가 와도
무섭지 않다.
굳은 껍지를 꼭 닫으니까,

세찬 물'결이 와도
무섭지 않다
굳은 껍지를 꼭꼭 닫으니까,

굴은 가엾구나,
그러나 굴은 용하구나!

— 『아동문학』(1956.12)

계월향 사당

나라의 흥망 걸어
품은 비수 어디 간대
눈 덮여 비인 집에
바람만 오가는다.
왜적 10만 장졸
간담을 서늘케 한
옛 녀인 끼친 혼을
길'손은 안다 만다.

— 『문학신문』(1957.1.24)

『집게네 네 형제』(조선작가동맹출판사, 1957)

집게네 네 형제*

어느 바닷가
물웅덩이에
깊지도 얕지도 않은
물웅덩이에
집게 네 형제가
살고 있었네.

막내동생 하나를
내여 놓은
집게네 세 형제
그 누구나
집게로 태여난 것
부끄러웠네.

남들 같이
굳은 껍질 쓰고
남들 같이
고운 껍질 쓰고
뽐내며 사는 것이
부러웠네.

그래서
맏형은

굳고 굳은
강달소라 껍질 쓰고
강달소라 꼴을 하고
강달소라 짓을 했네.

그래서
둘째 동생은
곱고 고운
배꼽조개 껍질 쓰고
배꼽조개 꼴을 하고
배꼽조개 짓을 했네.

그래서
세째 동생은
곱고도 굳은
우렁이 껍질 쓰고
우렁이 꼴을 하고
우렁이 짓을 했네.

그러나
막내동생은
아무것도 아니 쓰고
아무 꼴도 아니 하고
아무 짓도 아니 하고
집게로 태여난 것
부끄러워 아니 했네.

그런데
어느 하루
밀물이 많이 밀어
물웅덩이 밀물에
잠겨 버렸네.

이 때에 그만이야
강달소라 먹고 사는
이'발 센 오뎅야가
밀물 따라
떠들어 와
강달소라 보더니만
우두둑 우두둑
깨물었네.

강달소라 껍질 쓰고
강달소라 꼴을 하고
강달소라 짓을 하던
맏형 집게는
이렇게 죽고 말았네.

그런데
어느 하루
난데없는 낚시질'군
주춤주춤 오더니
물웅덩이 기웃했네.

이 때에 그만이야
망둥이 미끼 하는
배꼽조개 보더니만
낚시질'군
얼른 주워
돌에 놓고 돌로 쳐서
오지끈오지끈 부서쳤네.

배꼽조개 껍질 쓰고
배꼽조개 꼴을 하고
배꼽조개 짓을 하던
둘째 동생 집게는
이렇게 죽고 말았네.

그런데
어느 하루
부리 굳은 황새가
진창 묻은 발 씻으러
물웅덩이 찾아 왔네.

이 때에 그만이야
황새가 좋아하는
우렁이 하나
기여 가자
황새는 굳은 부리
우렁이 등에 쿡 박고
오싹바싹 쪼박냈네.

우렁이 껍질 쓰고
우렁이 꼴을 하고
우렁이 짓을 하던
세째 동생 집게는
이렇게 죽고 말았네.

그러나
막내동생
아무것도 아니 쓰고
아무 꼴도 아니 하고
아무 짓도 아니 해서
오뎅이가 떠와도
겁 안 나고
낚시질'군 기웃해도
겁 안 나고
황새가 찾아 와도
겁 안 났네.

집게로 태여난 것
부끄러워 아니 하는
막내동생 집게는
평안하게 잘 살았네.

* 「집게네 네형제」(조선작가동맹출판사, 1957)는 「지게게네 네 형제」(『아동문학』, 1956.1)의 개작으로 보인다.
[1] **강달소라** : 다슬기. '대수리'의 방언. 골뱅이류의 하나. 껍데기는 실북 모양으로 매우 두껍고 단단하며, 색깔은 잿빛 혹은 잿빛을 띤 푸른색, 그리고 혹 모양의 검은 돌기가 있다. 주로 우리나라의 서해안에 분포한다.
[2] **오뎅이** : 소라 따위를 먹고 사는 바닷고기의 한 종류. 육식성 어류로 아귀, 쏘가리처럼 이빨이 강한 물고기.
[3] **오지끈** : '작고 단단한 물건이 부러지거나 부서지는 소리 또는 모양'을 뜻하는 말.
[4] **쪼박** : '쪼각'의 평안방언.

쫓기달래

오월이는 작은 종
그 엄마는 큰 종
사나운 주인이
마소처럼 부리는
오월이는 작은 종
그 엄마는 큰 종.

하루는 그 엄마
먼 곳으로 일을 가
해가 져도 안 왔네
밤이 돼도 안 왔네.

오월이는 추워서
엄마 찾아 울었네,
오월이는 배고파
엄마 찾아 울었네.

배고프고 추워서
울던 오월이
주인집 부엌으로
몸 녹이러 갔네.

부엌에는 부뚜막에

쉬찰밥 한 양푼
주인네 먹다 남은
쉬찰밥 한 양푼.

오월이는 어린아이
한종일 굶은 아이,
쉬찰밥 한 덩이
입으로 가져 갔네.

이 때에 주인 마님
새'문 벌컥 열었네,
밥 한 덩이 입에 문
오월이를 보았네.

한 덩이 찰밥을
입에 문 채로
오월이는 매 맞았네
매 맞고 쫓겨 났네.

춥디추운 밖으로
쫓겨 난 오월이
캄캄한 어둔 밤에
엄마 찾아 울었네.

행길로 우물'가로
엄마 찾아 울다가
앞터밭 밭고랑에

얼어 붙고 말았네.

주인집 쉬밥 덩이
먹지도 못하고
어린 종 오월이는
얼어 죽고 말았네,
엄마도 못 보고
얼어 죽고 말았네.

그 이듬해 이른 봄
얼었던 땅 풀리자
오월이가 얼어 죽은
앞터밭 고랑에
남 먼저 머리 들고
달래 한 알 나왔네.

이 달래 어떤 달래
곱디고운 붉은 달래,
다른 달래 다 흰데
이 달래 붉은 달래,
쉬찰밥이 붉듯이
이 달래 붉은 달래.

쉬찰밥 한 덩이로
얼어 죽은 오월이,
원통하고 슬퍼서
달래되어 나왔네,

쉬찰밥이 아니 잊혀
쉬찰밥빛 그대로,
엄마가 보고 싶어
이른 봄에 나왔네.

사나운 주인에게
쫓겨나 죽은
불쌍한 오월이가
죽어서 된 이 달래,
세상 사람 이름 지어
쫓기달래.

이 달래 가엾어서
이 달래 애처로워
세상에선 이 달래를
차마 못 먹네.

[1] **마소** : 말과 소
[2] **쉬찰밥** : 쉬차랍, 수수찰밥.
[3] **쉬밥** : 수수밥.

오징어와 검복

오징어는
오래'동안
뼈가 없이 살았네.

오징어는
뼈가 없어
힘 못 쓰고,
힘 못 써서
일 못 하고,
일 못 하여
헐벗고 굶주리였네.

헐벗고 굶주린
오징어는 생각했네 —
≪남들에게 다 있는 뼈
내게는 왜 없을까?≫

오징어는 아무리
생각해 봐도
저로서는 그 까닭
알 수가 없어
이곳 저곳 찾아 가
물어 보았네.

오징어는 맨 처음
농어 보고 물었네
≪내게는 왜
뼈가 없나?
어찌하면
뼈를 얻나?≫

농어가 그 말에 대답했네—
≪니는 세상 날 때부터
뼈가 없단다,
뼈 없이 그대로
살아 가야지.≫

오징어는
농어의 말
믿기잖고 분하여,
그래서 이번에는
도미 보고 물었네
≪내게는 왜
뼈가 없나?
어찌하면
뼈를 얻나?≫

도미가 그 말에 대답했네 —
≪너는 네가 못난 탓에
제 뼈까지 잃은거지.

못난 것은 뼈 없이
살아가야지.≫

오징어는
도미의 말
믿기잖고 분하여,
그래서 이번에는
장대¹ 보고 물었네
≪내게는 왜
뼈가 없나?
어찌하면
뼈를 얻나?≫

장대는 이 말에 대답했네 —
≪네게두 남과 같이
뼈가 있었지.
그러던 걸 욕심쟁이
검복²란 놈
감쪽같이 너를 속여
빼앗아 갔지.
검복을 찾아 가서
뼈를 도로 내라 해라.≫

장대가 하는 말을
옳게 여긴 오징어
검복에게 달려 가서
빼앗은 뼈 내라 했네.

그러나 검복은
소문 난 욕심쟁이,
남의 뼈를 빼앗아다
제 뼈를 만드는 놈.

오징어가 하는 말을
검복은 듣지 않고
그 굳은 이'발 벌려
오징어를 묽러 했네.

오징어는 겁이 나서
뺏긴 뼈를 못 찾은 채
도망쳐 달아 가다
장대와 마주쳤네.

오징어가 하는 말을
다 듣고 난 장대
오징어께 이런 말
일러 주었네 ―
≪제 것을 빼앗기고
도로 찾지 못하는 건
그것은 겁쟁이
그것은 못난이.

검복이 힘 세다고
싸우지 않고

겁이 나 쫓긴다면
빼앗긴 뼌 못 찾지.≫

장대의 말을 듣고
오징어 마음먹었네 —
목숨 걸고 검복과
싸워내기로.

오징어는 그 이튿날
검복을 또 찾아 가
빼앗아 간 제 뼈를
도로 내라 하였네.

그러나 검복은
소문난 욕심쟁이,
오징어의 옳은 말
들으려고 아니 했네.

그리고는 두 눈깔
뚝 부릅뜨고
그 굳은 이'발
떡 벌리고
찌르륵소리
높다'깨 치며
오징어를 물려고
달려들었네.

그러나 오징어는
어제와 달라
겁먹고 달아 날
그는 이미 아니였네.

무섭게 달려드는
검복에게로
오징어도 맞받아
달려들며
입을 쩍 벌리면서
먹물 토했네.
시꺼먼 먹물을
찍찍 토했네.

검복은 먹물 속에
눈 못 뜨고
숨 못 쉬고
갈팡질팡 야단났네,
이 통에 오징어는
검복의 등을 타고
옆구리를 푹 찔러
갈비뼈 하나 빼내였네.

그런데 바로 이때
검복의 질러대는
죽어가는 소리 듣고
우루루 달려 왔네 —

농어가 달려 왔네,
도미가 달려 왔네.

그것들은 달려 와
검복과 한편되여
오징어께 대들었네.

오징어는 할 수 없이
달아 나고 말았네.
빼앗긴 뼈 중에서
하나만을 겨우 찾고
분한 마음 참으며
할 수 없이 돌아 왔네.

잘 싸우고 돌아 온
오징어를 찾아 와서
장대는 말하였네 —
≪우리들이
도와줄게
빼앗긴 뼈
다 찾으라.≫

그러자 그 뒤 이어
칼치° 달째° 찾아 와서
오징어께 말하였네 —
≪우리들이
도와 줄게

빼앗긴 뼈
다 찾으라.≫

그러자 오징어는
마음먹었네 —
못 다 찾은 제 뼈를
다 찾고야 말려고,
굳게굳게 이렇게
마음먹은 오징어,
검복과 싸우려고
먹물 물고 다닌다네.

검복과 한편되여
검복을 도와 주는
검복과 같은 원쑤 —
농어와 도미와도
오징어는 싸우려고
먹물 물고 다닌다네.

뼈 없던 오징어께
뼈 하나가 생긴 것은
바로 그 때 일

그러나 빼앗긴 뼈
아직까지 다 못 찾아
오징어는 외뼈라네.

살'결 곱던 검복이
얼룩덜룩해진 것은
바로 그 때 일.

오징어가 토한 먹물
그 몸에 온통 묻어
씻어도 씻어도 얼룩덜룩.

[1] **장대** : 쏨뱅이목 양태과의 바닷물고기. '양태良太'의 방언으로 장태, 짱태, 낭태 등으로 불린다. 머리가 납작하며, 주로 바닥이 모래와 진흙으로 된 연안(수심 20~200m)에 서식하며 크게 이동하지 않는 게 특징이다. 최대 몸길이는 100cm, 몸무게 3.5kg이다.
[2] **검복** : 복어목 참복과의 바닷물고기. '복장어,' '복쟁이,' '금복,' '수릉태'로 불린다. 성나면 배를 팽창시키고 이빨을 가는 듯한 소리를 낸다.
[3] **뻔** : '뼈는'의 준말.
[4] **높닿게** : '높다랗게'의 준말.
[5] **칼치** : 갈치. 농어목 갈치과의 바닷물고기. 생김새가 기다란 칼 모양을 하고 있어서 '도어刀魚' 또는 '칼치'로도 불린다.
[6] **달째** : 양볼락목 성대과의 바닷물고기. '달강어'의 방언. 닥재기(충남), 장대(전남), 예달재(동해안), 달재(함경남도), 숫달재(평북), 줄어치(황해도)로 불린다. 최대 몸길이 30cm, 몸은 가늘고 길며, 몸 전체에 가시가 나 있는 빗 모양의 거친 비늘이 있다.
[7] **외뼈** : 뼈가 하나만 있는 것.

개구리네 한솥 밥

옛날 어느 곳에
개구리 하나 살았네,
가난하나 마음 착한
개구리 하나 살았네.

하루는 이 개구리
쌀 한 말을 얻어 오려
벌 건너 형을 찾아
길을 나섰네.

개구리 덥적덥적
길을 가노라니
길'가 보'도랑에
우는 소리 들렸네.

개구리 넝큼 뛰여
도랑으로 가 보니
소시랑깨 한 마리
엉엉 우네.

소시랑게 우는 것이
가엾기도 가엾어
개구리는 뿌구국

물어 보았네 —
≪소시랑게야
너 왜 우니?≫

소시랑게 울다 말고
대답하였네 —
≪발을 다쳐
아파서 운다.≫

개구리는 바쁜 길
잊어버리고
소시랑게 다친 발
고쳐 주었네.

개구리 또 덥적덥적
길을 가노라니
길 아래 논'두렁에
우는 소리 들렸네.

개구리 닁큼 뛰여
논'두렁에 가 보니
방아'다리 한 마리
엉엉 우네.

방아'다리 우는 것이
가엾기도 가엾어
개구리는 뿌구국

물어 보았네 —
≪방아'다리야
너 왜 우니?≫

방아'다리 울다 말고
대답하는 말 —
≪길을 잃고
갈 곳 몰라 운다.≫

개구리는 바쁜 길
잊어버리고
길 잃은 방아'다리
길 가리켜 주었네.

개구리 또 덥적덥적
길을 가노라니
길 복판 땅구멍에
우는 소리 들렸네.

개구리 넝큼 뛰여
땅구멍에 가 보니
소똥굴이 한 마리
엉엉 우네.

소똥굴이 우는 것이
가엾기도 가엾어
개구리는 뻐구국

물어보았네 —
≪소똥굴이야
너 왜 우니?≫

소똥굴이 울다 말고
대답하는 말 —
≪구멍에 빠져
못 나와 운다.≫

개구리는 바쁜 길
잊어버리고
구멍에 빠진 소똥굴이
끌어 내 줬네.

개구리 또 덥적덥적
길을 가노라니
길'섶[6] 풀숲에서
우는 소리 들렸네.

개구리 닁큼 뛰여
풀숲으로 가 보니
하늘소 한 마리
엉엉 우네.

하늘소 우는 것이
가엾기도 가엾어
개구리는 뻐꾹국

물어 보았네 —
≪하늘소야,
너 왜 우니?≫

하늘소 울다 말고
대답하는 말 —
≪풀'대에 걸려
가지 못해 운다.≫

개구리는 바쁜 길
잊어버리고
풀에 걸린 하늘소
놓아 주었네.

개구리 또 덥적덥적
길을 가노라니
길 아래 웅덩이에
우는 소리 들렸네.

개구리 넝큼 뛰여
물웅덩이 가 보니
개똥벌레' 한 마리
엉엉 우네.

개똥벌레 우는 것이
가엾기도 가엾어
개구리 뿌구국

물어 보았네 —
≪개똥벌레야
너 왜 우니?≫

개똥벌레 울다 말고
대답하는 말 —
≪물에 빠져
나오지 못해 운다.≫

개구리는 바쁜 길
잊어버리고
물에 빠진 개똥벌레
건져 주었네.

발 다친 소시랑게
고쳐 주고,
길 잃은 방아'다리
길 가리켜 주고,
구멍에 빠진 소똥굴이
끌어 내 주고,
풀에 걸린 하늘소
놓아 주고,
물에 빠진 개똥벌레
건져 내 주고…

착한 일 하노라고
길이 늦은 개구리,

형네 집에 왔을 때는
날이 저물고,
쌀 대신에 벼 한 말
얻어서 지고
형네 집을 나왔을 땐
저문 날이 어두워,
어둔 길에 무겁게
짐을 진 개구리,
디퍽디퍽[8] 걷다가는
앞으로 쓰러지고
디퍽디퍽 걷다가는
뒤로 넘어졌네.

밤은 깊고 길은 멀고
눈앞은 캄캄하여
개구리 할 수 없이
길'가에 주저앉아
어찌할가 이러저리
걱정하였네.

그러자 웬일인가,
개똥벌레 윙하니
날아 오더니
가쁜 숨 허덕허덕
말 물었네 —
≪개구리야, 개구리야
무슨 걱정 하니?≫

개구리 이 말에
뻐꾸국 대답했네—
≪어두운 길 갈 수 없어
걱정한다.≫

그랬더니 개똥벌레
등'불 받고 앞장 서,
어둡던 길 밝아졌네.

어둡던 길 밝아져
개구리 가기 좋으나
등에 진 짐 무거워
등은 달고
다리 떨렸네

개구리 할 수 없이
길'가에 주저앉아
어찌할가 이리저리
걱정하였네.

그러자 웬일인가
하늘소 씽하니
달아 오더니
가쁜 숨 허덕허덕
말 물었네—
≪개구리야, 개구리야

무슨 걱정 하니?≫

개구리 이 말에
뻐꾸국 대답했네 —
≪무거운 짐 지고 못 가
걱정 한다.≫

그랬더니 하늘소
무거운 짐 받아 지고
개구리 뒤따랐네.

무겁던 짐 벗어 놓아
개구리 가기 좋으나,
길 복판에 소똥 쌓여
넘자면 굴어 나고[10]
돌자면 길 없었네.

개구리 할 수 없이
길'가에 주저앉아
어찌할가 이리저리
걱정하였네.

그러자 웬일인가
소똥굴이 횡하니
굴어 오더니
가쁜 숨 허덕허덕
말 물었네 —

≪개구리야, 개구리야
무슨 걱정 하니?≫

개구리 이 말에
뿌구국 대답했네 —
≪소똥 쌓여 못 가고
걱정 한다.≫

그랬더니 소똥굴이
소똥 더미 다 굴리여,
막혔던 길 열리였네.

막혔던 길 열리여
개구리 잘도 왔으나,
얻어 온 벼 한 말을
방아 없이 어찌 찧나?
방아 없이 어찌 쓰나¹⁾?
개구리 할 수 없이
마당'가에 주저앉아
어찌할가 이리저리
걱정하였네.

그러자 웬일인가
방아'다리 껑충
뛰여 오더니
가쁜 숨 허덕허덕
말 물었네 —

《개구리야, 개구리야
무슨 걱정 하니?》

개구리 이 말에
뿌구국 대답했네 ―
《방아 없어 벼 못 찧고
걱정한다.》

그랬더니 방아'다리
이 다리 찌궁 저 다리 찌궁
벼 한 말을 다 찧었네.

방아 없이 쌀을 찧어
개구리는 기뻤으나
불을 땔 장작 없어
쓸은 쌀을 어찌하나,
무엇으로 밥을 짓나!

개구리에 할 수 없이
문턱에 주저앉아
어찌할가 이리저리
걱정하였네.

그러자 웬일인가
소시랑게 버르륵
기여 오더니
가쁜 숨 허덕허덕

말 물었네 —
≪개구리야, 개구리야
무슨 걱정 하니?≫

개구리 이 말에
뿌구국 대답했네 —
≪장작 없어 밥 못 짓고
걱정한다.≫

그랬더니 소시랑게
풀룩풀룩 거품 지어
흰 밥 한솥 잦히었네.[12]

장작 없이 밥을 지은
개구리는 좋아라고
뜰악[3]에 멍석 깔고
모두들 앉히였네.

불을 받아준
개똥벌레,
짐을 져다 준
하늘소,
길을 치워 준
소똥굴이,
방아 찧어 준
방아다리,
밥을 지어 준

소시랑게,
모두모두 둘러 앉아
한솥 밥을 먹었네.

¹ **보' 도랑** : 봇도랑. 물을 끌어들이거나 빼기 위해 만든 도랑.
² **닁큼** : 냉큼.
³ **소시랑게** : 민물이나 논에 사는 게의 한 종류. 집게가 농기구 쇠스랑처럼 생겼다고
　　해서 붙은 이름.
⁴ **방아 다리** : '방아깨비'의 방언. 메뚜기목 메뚜깃과에 속한 곤충. 몸길이는 5·9㎝
　　가량, 빛깔은 녹색 또는 회갈색, 머리는 끝이 뾰족하게 앞으로 돌출하였
　　으며, 앞날개가 배보다 길다. 특히 두 뒷다리가 매우 크고 긴데, 그 끝을
　　손으로 쥐면 방아 찧듯 몸을 끄덕거린다고 하여 '방아깨비'라고 불린다.
⁵ **소똥굴이** : 쇠똥구리. 쇠똥구릿과의 곤충. 몸길이는 16㎜ 정도, 몸은 타원형으로
　　편편하고 검은 광택을 띤다. 여름에 쇠똥이나 말똥 따위를 굴려 굴속에
　　저장하고 그 속에 알을 낳아 성충이나 애벌레의 먹이로 쓴다.
⁶ **길 섶** : 길의 가장자리.
⁷ **개똥벌레** : 반딧불이.
⁸ **디벅디벅** : '더벅더벅,' 앞을 자세히 살펴보지 않고 자꾸 마구 걸어가는 모양의
　　북한어.
⁹ **달고** : 열이 나서 몸이 뜨거워지고.
¹⁰ **굴어 나고** : 굴러 떨어지고.
¹¹ **쓿나** : '쓿다'의 평북방언인 '쓸다'의 의문형. '쓿다'는 '거친 쌀, 조, 수수 따위의 곡
　　식을 찧어 속꺼풀을 벗기고 깨끗하게 하다'는 뜻의 말.
¹² **잦히었네** : '잦히다'는 '잦다'의 사동사. 밥물이 끓으면 불의 세기를 잠깐 줄였다
　　가 다시 조금 세게 해서 물이 잦아지게 하다. 여기에서는 뜸을 들여 밥
　　을 지었다는 뜻.
¹³ **뜰악** : 뜨락. '뜰'의 방언.

귀머거리 너구리

어느 산속에
귀머거리 너구리가
살고 있었네.

어느날 밤
마을 가까운
강냉이밭에
곰도, 메'돼지도,
귀머거리 너구리도,
다 함께 내려와
강냉이를 따 먹었네.

그러자 밭'임자 령감
두 — 두 — 소리쳤네.

그 소리 듣고
메'돼지가 먼저 달아 났네,

그 뒤로 곰이 달아 났네,

그러나 귀머거리 너구리
그 소리 들리지 않아
꿈쩍도 아니 하고

뚝하고 한 이삭
뚝하고 두 이삭
강냉이만 따 먹었네,
그러면서 하는 말
《달아 나긴 왜들 달아나?》

메'돼지와 곰은
달아 나며 생각했네 —
너구리는 저희들보다
겁 없고 용감하디고.

이리하여
귀밝은 도적놈들
귀먹은 도적놈을
우러러보았네.

어느날 밤
마을 가까운
모밀밭에
오소리도 노루도
귀머거리 너구리도
다 함께 내려와
모밀을 훑어 먹었네.

그러자 밭'임자네 개들이
컹 — 컹 — 짖어댔네.

그 소리 듣고
오소리가 먼저 달아 났네,
그뒤로 노루가 달아 났네,
그러나 귀머거리 너구리
그 소리 들리지 않아
꿈쩍도 아니 하고
쩝쩝하고 한 입
쩝쩝하고 두 입
모밀만 훑어 먹었네,
그러면서 하는 말
≪달아 나긴 왜들 달아나?≫

오소리와 노루는
달아 나며 생각했네 —
너구리는 저희들보다
겁 없고 용감하다고.

이리하여
귀밝은 도적놈들
귀먹은 도적놈을
우러러보았네.

어느날 밤
마을 끝의 놓인
그 뉘집 닭의 홰에
여우도 삵이도
귀머거리 너구리도

다 함께 내려와
닭을 채려 하였네.

그러자 안'방 마나님
탕! 하고 방문 열었네.

그 소리 듣고
여우가 먼저 달아 났네,
그 뒤로 삵이가 달아 났네,
그러나 귀머거리 너구리
그 소리 들리지 않아
꿈쩍도 아니 하고
이리 쿡쿡
저리 쿡쿡
닭 냄새만 맡았네.
그러면서 하는 말
≪달아 나긴 왜들 달아나?≫

여우와 삵이는
달아 나며 생각했네 —
너구리는 저희들보다
겁 없고 용감하다고.

이리하여
귀밝은 도적놈들
귀먹은 도적놈을
우러러보았네.

이리하여
귀먹은 도적놈은
귀밝은 도적놈들 속에서
겁 없고 용감한
첫째가는 도적놈 되였네.

그런데 한번은
산 우에 사는 짐승 — 도적들
산 아래 마을 사람네
낟알을 빼앗으려
개 도야지를 잡아 먹으려
마을로 쳐 내려와
산'짐승들과 마을 사람들
서로 어울려 싸우게 됐네.

이 때 산'짐승들
하나 같이 말하였네 —
겁 없고 용감한 너구리
대장으로 삼자고.

그리하여
귀머거리 너구리는
곰, 여우,
메'돼지, 오소리,
삵이, 노루…
뭇짐승들의 대장되여

장하게도 앞장서서
싸우러 나갔네.

그런데 정말로는
겁 많은 너구리,
귀를 먹은 탓에
무서운 소리 못 듣고,
소리를 못 들은 탓에
용감하게 보이던 너구리,

바로 그 눈앞에
몽둥이 든 사람들
개들을 앞세우고
오는 것 보자,
그만이야 맨 먼저
질겁을 하며
네 발이 떠서 도망쳤네.

귀머거리 겁쟁인 줄
꿈에도 모르고
너구리를 대장 삼고
싸우러 나왔던

산 짐승들 이 때에야
깨닫고 한했네 —
≪귀머거리 겁쟁이
너구리를 대장 삼은

우리들이 얼마나
어리석은가!≫

귀먹은 도적놈을
어리석게 대장 삼고
싸우러 나왔던
귀밝은 도적놈들
이리하여 싸움에서
지고 말았네.

---

[1] **강냉이** : 옥수수.
[2] **홰** : 닭이나 새가 올라앉도록 닭장이나 새장 속에 가로지른 나무 막대.
[3] **삵이** : '삵' 혹은 '살쾡이'라고도 함. 고양잇과에 속하는 동물. 몸에 불특정한 반점들이 있으며 산림지대의 계곡, 바위굴, 연안, 관목으로 덮인 산골짜기 개울가, 그리고 마을 근처에서 산다. 턱의 근육이 발달하여 물어뜯는 힘이 매우 세다. 쥐, 꿩 새끼, 멧토끼, 청설모, 다람쥐, 닭, 오리, 곤충 등을 먹는다.
[4] **채려** : 날쌔게 빼앗거나 훔쳐가려.
[5] **한했네** : 한탄했네.

산'골총각

어느 산'골에
늙은 어미와
총각 아들 하나
가난하게 살았네.

집뒤 높은 산엔
땅속도 깊이
고래 같은 기와집에
백년 묵은 오소리가
살고 있었네.

가난한 사람네
쌀을 빼앗고
힘 없는 사람네
옷을 빼앗아
오소리는 잘 먹고 잘 입고
잘 살아 갔네.

하루는 아들 총각
밭으로 일 나가며
뜰악에 널은 오조 멍석
늙은 어미 보라 했네.

≪어머니, 어머니,
오조 멍석 잘 보세요,
뒤'산 오소리가
내려 올지 몰라요.≫

그러자 얼마 안 가
아니나 다를가
뒤'산 오소리
앙금앙금 내려 왔네.

오소리는 대'바람에
조 멍석에 오더니
이 귀 차고
저 귀 차고
멍석을 두루루 말아
냉큼 들어
등에 지고
가려고 했네.

조 멍석을 지키던
늙은 그 어미
죽을 애를 다 써
소리지르며
오소리를 붙들고
멱씨름 했네.

그러나 아뿔싸

늙은 어미 힘 없어
오소리의 뒤'발에
채워서 쓰러졌네.

오소리는 좋아라고
오조 멍석 휘떡^ᵃ 지고
뒤'산 제 집으로
재촉재촉 돌아 갔네.

해 저물어
일 끝내고
아들 총각 돌아 왔네.
오조 멍석
간곳 없고
늙은 어미
쓰러졌네.

오소리의 한 짓인 줄
아들 총각 알아 채고
슬프고 분한 마음
선길로⁶ 달려 갔네,
오소리네 집을 찾아
뒤'산으로 달려갔네.

아들 총각 문밖에서
듣는 줄도 모르고
오소리는 집안에서

가들거려 하는 말 —

≪오조 한 섬
져 왔으니
저것으로
무엇 할가?
밥을 질가
떡을 칠가
죽을 쑬가
범벅할가,

에라 궁금한데[7]
떡이나 치자!≫

오소리는 오조 한 말
푹푹 되여 지더니만
사랑[8] 앞 독연자[9]로
재촉재촉 나가누나.

이 때 바로 아들 총각
오소리께 달려들어
덧거리[10]로 힘껏 걸어
모으로[11] 메쳐댔네.[12]

그러나 오소리는
넘어질 듯 일어나
뒤'발로 걸어 차서

아들 총각 쓰러졌네.

겨우겨우 제 집으로
돌아온 아들 총각

채인 것도 날이 지나
거의 다 아물으자
산 넘어 동쪽 마을
늙은 소를 찾아 가서
오소리를 이기는 법
물어 보았네

그랬더니 늙은 소가
대답하는 말 ―
≪바른 배지개[3] 들어
바로 메쳐라.≫

아들 총각 좋아라고
그길로 달려 갔네,
오소리네 집이 있는
뒤'산으로 달려갔네.

아들 총각 문밖에서
듣는 줄도 모르고
오소리는 집안에서
가들거려[4] 하는 말 ―

≪기장[15] 한 섬
져 왔으니
저것으로
무엇할가?
밥을 질가
떡을 칠가
죽을 쑬가
노치[16] 지질가,

에라 입맛 없는데
죽이나 쑤자!≫

오소리는 기장 한 말
푹푹 되여 지더니만
사랑 앞 독연자로
재촉재촉 나가누나.

이 때 바로 아들 총각
오소리께 달려들어
바른 배지개 들어
바로 메쳤네.

그러나 오소리는
넘어질듯 일어나
대가리로 받아넘겨
아들 총각 쓰러졌네.

겨우겨우 제 집으로
돌아 온 아들 총각

받긴[17] 것도 날이 지나
거의 다 아물으자
산 넘어 서쪽 마을
장수바위 찾아 가서
오소리를 이기는 법
물어 보았네.

그랬더니 장수바위
대답하는 말 —
≪왼 배지개[18] 들어
외로[19] 메쳐라.≫

아들 총각 좋아라고
그길로 달려 갔네,
오소리네 집이 있는
뒤'산으로 달려 갔네.

아들 총각 문밖에서
듣는 줄도 모르고
오소리는 집안에서
가들거려 하는 말 —

≪찰벼 한 섬
져 왔으니

저것으로
무엇할가?
밥을 질가
떡을 칠가
죽을 쑬가
전병 지질가

에라 시장한데
밥이나 짓자!≫

오소리는 찰벼 한 말
푹푹 되여 지더니만
사랑 앞 독연자로
재촉재촉 나가누나.

이 때 바로 아들 총각
오소리께 달려들어
왼 배지개 들어
외로 메쳤네.

그러나 오소리는
넘어질듯 일어나
이'발로 물고 닥채[20]
아들 총각 쓰러졌네.

겨우겨우 제 집으로
돌아 온 아들 총각

물린 것도 날이 지나
거의 다 아물으자
산 넘어 남쪽 마을
늙은 령감 찾아 가서
오소리를 이기는 법
물어 보았네,

그랬더니 늙은 령감
대답하는 말 ―
≪통 배지개¹ 들어
거꾸로 메쳐라.≫

아들 총각 좋아라고
그길로 달려 갔네,
오소리네 집이 있는
뒤'산으로 달려 갔네

아들 총각 문밖에서
듣는 줄도 모르고
오소리는 집안에서
가들거려 하는 말 ―

≪수수 한 섬
져 왔으니
저것으로
무엇할가?

밥을 질가
떡을 칠가
죽을 쑬가
지짐122 지질가,

에라 배도 부른데
지짐이나 지지자!≫

오소리는 수수 한 말
푹푹 되여 지더니만
사랑 앞 독연자로
재촉재촉 나가누나.

이 때 바로 아들 총각
오소리께 달려들어
통 배지개 들어
거꾸로 메쳤네.

그러자 오소리는
쿵하고 곤두박혀
네 다리 쭉 펴며
빼뚜룩 죽고 말았네

가난한 사람네
쌀을 빼앗고
힘 없는 사람네
옷을 빼앗아

땅속에 고래 같은
기와집 짓고,
잘 입고 잘 먹던
백년 묵은 오소리,
이렇게 하여
죽고 말았네.

그러자 아들 총각
이 산골 저 산골에
널리널리 소문났네 —
백년 묵은 오소리
둘러 메쳐 죽였으니
쌀 빼앗긴 사람
쌀 찾아 가고,
옷 빼앗긴 사람
옷 찾아 가라고.

그리고 땅속 깊이
고래 같은 기와집은
땅 우로 헐어내다
여러 채 집을 짓고
집 없는 사람들께
들어 살게 하였네.

이리하여 어느 산골
가난한 총각 하나,
오소리 성화[20] 받던

이 산골, 저 산골을
평안히 마음 놓고
잘들 살게 하였네.

1 오조 : 일찍 익는 조.
2 앙금앙금 : '엉금엉금'의 작은 말. 어린아이나 작은 동물이 작은 동작으로 느리게 걷거나 기는 모양을 나타내는 말.
3 대 바람 : 댓바람. 어떤 일을 머뭇거리지 않고 단번에 하는 것.
4 멱씨름 : 서로 멱살을 잡고 싸움.
5 휘딱 : 갑작스레 거꾸로 뒤집거나 뒤집히는 모양을 나타내는 말.
6 선길로 : 선걸음으로, '선걸음' 혹은 '선길'은 '이미 내디뎌 걷고 있는 그대로의 걸음'이라는 뜻.
7 궁금한데 : 출출한데, '궁금하다'는 '배가 출출하여 무엇이 먹고 싶다'는 뜻.
8 사랑 : 사랑방.
9 독연자 : 돌로 만든 절구.
10 덧거리 : 덧걸이. 상대방의 발을 걸어 넘어뜨리는 씨름 기술.
11 모으로 : 옆으로.
12 메쳐댔네 : '메치다'는 어깨 위로 들어 올렸다가 바닥으로 힘껏 내리치다.
13 바른 배지개 : 바른배지기. 씨름에서 오른쪽 허리나 엉덩이를 상대방의 배 밑에 넣고 들어 올려 넘어뜨리는 기술. 왼쪽을 쓰면 '왼배지기'(왼배지개)라고 함.
14 가들거려 : '가드락거리어'의 준말. '가드락거리다'는 '조금 거만스럽게 잘난 체하며 자꾸 버릇없이 굴다'는 뜻.
15 기장 : 기장의 열매, '황실黃實'이라고도 하는데 엷은 누런색으로 떡, 술, 엿, 빵 따위의 원료나 가축의 사료로 쓰임.
16 노치 : '노티'의 방언. '노티'는 '차조, 기장, 찹쌀 따위의 가루를 쪄서 엿기름에 삭혀 지진 떡'을 이르는 말.
17 받긴 : 받힌.
18 왼 배지개 : 왼배지기. 씨름에서 왼쪽 허리나 엉덩이를 상대방의 배 밑에 넣고 들

어울려 넘어뜨리는 기술.
[19] **외로** : 왼쪽으로.
[20] **닥채** : 당기어 채어.
[21] **통 배지개** : 동이배지기. 씨름에서 상대방을 자신의 배 위까지 가볍게 들어 올려 재빨리 넘어뜨리는 기술.
[22] **지짐** : '빈대떡'의 평안방언.
[23] **성화** : 몹시 성가시게 하거나 못살게 구는 일.

어리석은 메기

어느 산골
조그만 강에
메기 한 마리
살고 있었네.

넓적한 대가리
왁살스럽고,[1]
뚝 뻗친 수염
위엄이 있어,
모래지,[2] 버들치,[3]
잔고기들이
그 앞에선 슬슬
구멍만 찾았네.

산골에 흐르는
조그만 강이
메기에게는
을씨년스럽고,
산골 강에 사는
잔고기들이
메기에게는
신차지[4] 않았네.

이런 메기는
그 언제나
용이 돼서 하늘로
오르고만 싶었네.

하루는 이 메기
꿈을 꾸었네―

    조그만 강을
    자꾸만 내려가
    큰 강 되고,
    크나큰 강을
    자꾸만 내려가
    넓은 바다 되더니,
    넓은 바다
    설레는 물속에서
    푸른 실, 붉은 실
    입에 물고
    하늘로 둥둥
    높이 올랐네.

그러자 꿈을 깬
메기의 생각엔 ―
이것은 분명
룡이 될 꿈.

메기는 너무도

기쁘고 기뻐
그길로 강물을
내려 갔네.

옆도 뒤도
돌볼 짬 없이
급히도 급히도
헤엄쳐 갔네.

옆에서 참게가
어디 가나 물으면
메기는 눈 거들떠
보지도 않고
≪룡이 되려 가네≫
대답하였네.

뒤에서 뱀장어가
어디 가나 물으면
메기는 눈 돌이켜
보지도 않고
≪룡이 되려 가네≫
대답하였네.

작은 강을
자꾸만 내려가
큰 강 되고,
큰 강을

자꾸만 내려가
넓은 바다 나설 때
늙은 숭어 한 마리
메기 앞을 막으며
어디로 가느냐
말 물었네.

메기는 장한듯
대답하는 말 —
≪룡이 되려 가네≫

늙은 숭어 웃으며
다시 하는 말 —
≪이렇듯 늙은 나도
못 되는 룡,
젊은 메기 네가
어떻게 된담!≫

이 말 듣자 메기는
꿈이야기 하였네 —
그 좋은 꿈이야기
늘어 놓았네.

그러자 늙은 숭어
껄껄 웃어 하는 말 —
≪그것은 다름 아닌
낚시에 걸릴 꿈.≫

이 말에 메기는
가슴이 철렁,
그러자 얼른
눈 둘러 보니
실 같이 가느단
빨간 지렁이
웬일인가 제 옆으로
흘러 가누나.

작은 강, 큰 강
헤엄쳐 내리며
배도 출출히
고픈 김이라
룡도 꿈도 낚시도
다 잊은 메기
지렁이도 낚시'줄도
덥석 물었네.

꿈에 물은 붉은 실
붉은 지렁이,
꿈에 물은 푸른 실
푸른 낚시'줄,
꿈에 둥둥 하늘로
오른 그대로
낚시'줄에 둥둥 달려
메기 올랐네.

어리석고 헛된
꿈을 믿어
룡이 되려 바다로
내려 왔다가
낚시에 걸려
죽게 된 메기
눈에 암암[6]
자꾸만 보이는 것은
산골에 흐르는
조그만 강,
그 강에 사는
작은 고기들 —
산골에 흐르는
조그만 강,
그 강에 사는
작은 고기들 —
이것들이 차마
잊히지 않아
메기는 자꾸만
몸부림쳤네.
낚시를 벗어나려
푸덕거렸네.

1 **왁살스럽고** : '우왁살스럽고'의 준말. '우왁살스럽다'는 '언행이나 생김새 따위가 험상궂고 우락부락한 데가 있다'는 뜻.
2 **모래지** : '모래무지'의 평북방언. 잉엇과에 속한 민물고기로 주로 강의 모랫바닥에 산다. 몸길이는 약 15cm 정도로 입술에 돌기가 많고 한 쌍의 수염이 있다. 몸은 담황색으로 등 쪽이 짙고 옆구리에 진한 갈색의 반점이 있다.
3 **버들치** : 잉엇과에 속한 민물고기로 깨끗한 물에 산다. 몸길이 8~15cm, 칙칙한 황갈색 바탕에 등 쪽은 암갈색이고 배 쪽은 담색이며, 폭이 넓은 암갈색의 세로띠가 있다.
4 **신차지** : 신이 나지
5 **가느단** : 가느다란.
6 **암암** : 암암暗暗. 잊히지 않고 눈앞에 아른거리는 모양.

가재미[1]와 넙치[2]

옛'날도 옛'날
바다'나라에
사납고 심술궂은
임금 하나 살았네.

하루는 이 임금
가재미를 불렀네,
가재미를 불러서
이런 말 했네 —
≪가재미야 가재미야,
하루'동안에
은어 3백 마리
잡아 바쳐라.≫

이 말 들은 가재미
어이없었네,
은어 3백 마리
어떻게 잡나!

하루 낮, 하루 밤이
다 지나가자
임금은 가재미를
다시 불렀네 —

≪은어 3백 마리
어찌 되었나?≫

이 말에 가재미
능청맞게 말했네.
≪은어들을 잡으러
달려 갔더니
그것들 미리 알고
다 달아 났습디다.≫

이 말 듣자 임금은
독 같이 성이 나
가재미의 왼빰을
후려 갈겼네.

임금의 주먹바람
어떻게나 셌던지
가재미의 왼눈 날아
바른쪽에 가 붙었네.
가재미는 얼빠진듯
물밑 깊이 달아나
모래 파고 들어 박혀
숨어버렸네.

사납고 심술궂은
바다나라 임금은
이리저리 가재미를

찾고 찾으나
가재미는 꼭꼭 숨어
보이지 않았네.

다음날 임금은
넙치를 불렀네,
넙치를 불러서
이런 말 했네
≪넙치야, 넙치야,
하루 동안에
장차³ 3백 마리
잡아 바쳐라.≫

이 말 들은 넙치
어이없었네,
장치 3백 마리
어떻게 잡나!

하루 낮, 하루 밤이
다 지나가자
임금은 넙치를
다시 불렀네 ―
≪장치 3백 마리
어찌 되었나?≫

이 말에 넙치는
능청맞게 말했네.

≪장치들을 잡으러
달려 갔더니
그것들 미리 알고
다 달아 났습디다.≫

이 말 듣자 임금은
독 같이 성이 나
넙치의 바른 뺨을
후려 갈겼네.

임금의 주먹바람
어떻게나 셌던지
넙치의 바른 눈 날아
왼쪽에 가 붙었네.

넙치는 얼빠진듯
물밑 깊이 달아나
모래 파고 들어 박혀
숨어버렸네.

사납고 심술궂은
바다'나라 임금은
이리저리 넙치를
찾고 찾으나
넙치는 꼭꼭 숨어
보이지 않았네.

가재미도 넙치도
이때로부터
물밑 모래판을
떠나지 않네.

이제는 바다'나라
복된 나라,
사납고 심술궂은
임금도 없네.

그러나 옛일이
그대로 무서워
가재미와 넙치는
떠나지 않네,
물밑 모래판을
떠나지 않네.

---

[1] **가재미** : '가자미'의 방언. 가자밋과에 속한 바닷물고기를 통틀어 이르는 말. 몸이 납작하고 두 눈은 오른쪽에 몰려 붙어 있으며, 넙치보다 몸이 작다.
[2] **넙치** : 넙칫과에 속한 바닷물고기. 몸길이는 60cm 정도이며, 몸은 위아래로 넓적한 긴 타원형이다. 두 눈이 몸 왼쪽에 나란히 몰려 있으며, 눈이 있는 쪽은 어두운 갈색 바탕에 점무늬가 있고 눈이 없는 쪽은 흰색이다.
[3] **쟝치** : 학꽁치. '줄꽁치'의 함경방언.

나무 동무 일곱 동무

어느 깊은 산 골짝
빽빽한 나무판에
나무 동무 일곱 동무
사이 좋게 살아 갔네.

이깔나무,¹ 잣나무,
봇나무,² 참나무,
박달, 분비 그리고 보섭 ―
어린 나무 동무들
즐거이 살아 갔네.

나무 동무 일곱 동무
마음도 같아,
자라고 자라서
늙어 쓰러져
그대로 썩어지긴
차마 싫었네.

저희들이 태어난
이 나라에서
저희들의 힘 대로
저희들의 원 대로
나라 위해 일하려

마음먹었네.

바람 따사한 봄철날에
단풍'잎 고운 가을날에
나무 동무 일곱 동무
모여 앉아서
서로들 오손도손
이야기했네 —
≪커서는 우리들
무엇이 될가?
커서는 우리들
무슨 일 할가?≫

이럴 때면
잣나무는 말하였네 —
≪나는 커서
우리 아버지처럼
크나큰 집 문짝 되려네.≫

보섭나무는 말하였네 —
≪나는 커서
우리 할아버지처럼
탄광의 동발'될 테야.≫

이깔나무는 말하였네 —
≪나는 커서
우리 맏아버지처럼

높다란 전선'대 될걸.≫

분비나무는 말하였네 —
≪나는 커서
우리 형들처럼
고기'배의 배판장⁴ 된다누.≫

봇나무는 말하였네 —
≪나는 커서
우리 아저씨처럼
희고 미끄러운 종이 되겠네.≫

박달나무는 말하였네 —
≪나는 커서
우리 외삼촌처럼
밭갈이 연장 되고파.≫

참나무는 말하였네 —
≪나는 커서
우리 작은아버지처럼
철도의 괴목⁵ 될게야.≫

나무 동무 일곱 동무
밤마다 꿈꾸었네 —
　괴목이 되는 꿈
　　전선'대가 되는 꿈
　　　배판장이 되는 꿈

연장이 되는 꿈
동발이 되는 꿈
종이가 되는 꿈
문짝이 되는 꿈.

이렇게 즐겁게도
꿈꾸며 자라는
나무 동무 일곱 동무
겁들도 없어
곰이 와도 무섭지 않았네.
범이 와도 무섭지 않았네.
또 캄캄 어두운 밤도
무섭지 않았네.

이렇게 즐겁게도
꿈꾸며 자라는
나무 동무 일곱 동무
튼튼들도 해,
비'바람에도 끄떡 없이
눈보라에도 끄떡 없이
또 찌는듯 더운 삼복에도
끄떡 없이 자라 갔네.

글쎄 송충이, 굼벵이,
섶누에,⁶ 돗벌레⁷
진두⁸에 자벌래⁹며 그리고 좀¹⁰들
나쁜 벌레들이

그들의 몸뚱이에
붙기라도 하면,

그럴 때면
어린 나무 일곱 나무
이런 말들 하였네 ―
≪섶누에야 먹지 말아
나는 커서 동발 될 몸.≫
≪자벌레야, 쏠지[11] 말아
나는 커서 괴목 될 몸.≫
≪진두야 끄리지[12] 말아
나는 커서 종이 될 몸.≫
≪돗벌레야 파지 말아
나는 커서 배판장 될 몸.≫
≪좀아 집지[13] 말아
나는 커서 연장 될 몸.≫
≪송충이야 깍지 말아
나는 커서 문짝 될 몸.≫
≪굼벵이야, 욱이지 말아
나는 커서 전선'대[14] 될 몸.≫

이렇게 그들은
키 크고 몸도 나,
하늘이 낮다고
다 자라갈 때,

그것은 늦가을

어느 아침 날,
세상 소식 잘 아는
건넌산 늙은 까치,
푸루룩 날아와
소식 전했네 ―

≪나무 동무 일곱 동무
너희들은 아느냐 ―
원쑤들이 우리 나라
쳐 들어 온 걸?≫

이 말 들은 나무 동무
일곱 동무,
그들의 마음
꿋꿋들도 해
이렇게 서로들
같은 말했네 ―

≪우리도 원쑤들과 싸워야 한다,
원쑤들이 산 우로 올라 오면
산에서 우리 싸워대자.
그놈들이 오는 때엔
오는 길을 막고,
그놈들이 가는 때엔
가는 길을 막자.

그리고 나라에서

우리를 불러
싸움터로 나와 싸우라 하면
그 때엔 우리 얼른
싸움터로 나가자 —
참호15의 서까래16가 되여도 좋고
다리의 기둥이 되여도 좋다.》

늙은 까치 전하던
그 말은 맞아,
나무 동무 사는
골짜기 우로
원쑤놈의 비행기
날아 다니고
원쑤놈의 폭격 소리
울려 왔네.

그러던 어느 하루
눈은 많이 쌓이고
바람도 센 밤,
나무 동무 일곱 동무네
깊은 골짜기
그리고 무엇들 들어 왔네,
사람인가 하면
사람 아니고
짐승인가 하면
짐승 아닌 것들,
기진맥진하여

들어 왔네.

나무 동무 일곱 동무
보면 아는
그런 사람들이 아니였고
나무 동무 일곱 동무
들으면 아는
그런 말들이 아니였네.

눈보라치는
깊은 골짜기
추위와 어둠 속에
갈팡질팡,
나갈 길 찾아
헤매돌다가
쓰러지며 신음하는
몸뚱이 셋.

나무 동무 일곱 동무
이 때 알았네 —
그것들이 다름 아닌
원쑤들인 줄.

나무 동무 일곱 동무
정신이 홱 들며
원쑤에 대한 미움과 분함
그 마음들 깊이서 치솟았네.

이 때에 나무 동무
일곱 동무
잎새 와슬렁 가지 우수수
가지가지 신호로
온 산에 알렸네
원쑤놈들 한 놈도
놓치지 말자고.

눈보라 날치는
무서운 밤
길 넘는 눈을
헤쳐 가며
원쑤놈들 길을 뚫고
나가려고 애쓸 때

나무 동무 한 동무
이깔나무는

짐부러진17 가지들에
지붕처럼 덮인 눈
내려 쏟아 원쑤들께
눈벼락 내렸네.

나무 동무 한 동무
봇나무는

미끄러운 등걸에
원쑤놈들 기대자
날쌔게 몸을 삐쳐
놈들을 곤두박았네.

나무 동무 한 동무
보섭나무는

그 커다란 마른 잎새
설렁설렁 떨어
산속 유격대에게
원쑤놈들 알려 주었네.

나무 동무 한 동무
분비나무는

억센 다리 떡 벌리고
골짜기의 목을 지켜
원쑤놈들 빠져 나갈
길을 막았네.

나무 동무 한 동무
잣나무는

크나큰 그 키를
어둠 속에 늘여
볼수록 우뚝 더욱 커져서

원쑤들을 무서워 떨게 했네.

나무 동무 한 동무
참나무는

비탈에 가만히 숨어 서서
단단한 가지들을 힘껏 벌려
골짜기를 빠지려는 원쑤들의
목덜미를 잡아 제꼈네.

나무 동무 한 동무
박달나무는

세찬 바람에 소리 높이
회초리를 자꾸만 휘둘러서
밑으로 달려드는 원쑤들을
사정 없이 후려 갈겼네.

나무 동무 일곱 동무
모두 다 용감히
있는 힘 다 내어
원쑤들과 싸웠네,
온 골짜기 나무들의
앞장을 서서
있는 힘 다 내어
원쑤들과 싸웠네.

그 뒤로 한 해 지난
어느 여름 날
세상 소식 잘 아는
건넌산 늙은 까치
또다시 날아와
소식 전했네 ―

≪나무 동무
일곱 동무
너희들은 아느냐?
우리 나라 쳐왔던
흉악한 원쑤들
싸움에 지고
달아 났단다!≫

이 말 들은 나무 동무
일곱 동무
모두들 춤추며
기뻐하였네.
기뻐하며 다같이
생각하였네 ―
≪나라에서 이제 우릴
부를지 몰라.
불타고 무너진 것
다시 세울 때,
전에 없던 것들을
새로 만들 때,

우리네 나무들은
없지 못할 것.
나라에서 우리들
부르는 때면
그때엔 몸과 마음
바쳐 나가자!≫

나무 동무 일곱 동무
이 생각 할 때
하루는 나라에서
사람 왔네,

그는 나무들을
부르러 온 사람,
나라에 몸 바칠 나무
부르러 온 사람,
나무들을 모아 놓고
그는 말했네 —
≪원쑤들과 싸우고 난
나라에서는
나와서 일할 나무
기다리오,
전선'대가 될 나무,
배판장이 될 나무,
동발 괴목이 될 나무,
문짝 연장이 될 나무,
그리고 종이가 될 나무를

간절히 기다리오.≫

이 말 들은 나무 동무,
나무 동무 일곱 동무
저마끔[8] 먼저 나와
제 소원들 말했네
저마끔 앞 다투어
제 먹은 뜻 말했네

이리하여 나무 동무,
나무 동무 일곱 동무
나라에서 나오라는
기다리던 부름 받아
나서 자란 산을 떠나 갔네 —
강물을 헤엄쳐 내려 갔네,
기차를 타고 달려 갔네
화물 자동차에 실려 갔네.

그리하여 잣나무는
평양 거리 한복판
크나큰 극장의 문짝 되어
자랑스런 얼굴을 번쩍이며
수많은 사람을
들여 보내네, 내여 보내네.

그리하여 보섭나무는
소문난 안주 탄광

수백 자 땅밑에서
든든한 동발되여
무거운 탄돌기를
그 어깨로 떠받치네.

그리하여 이깔나무는
삭주 — 구성 큰 길'가에
우뚝 높은 전선'대 되여
열두 전선을 늘여 쥐고
거리거리로, 마을마을로
전기를 보내네, 불을 보내네.

그리하여 분비나무는
넓고 넓은 서해 바다
중선배의 배판장되여
농어, 민어, 조기, 달째
가지가지 고기 생선
그 팔로 실어 나르네.

그리하여 참나무는
평양―안동 본선 철도
레루[19]의 괴목되여
객차, 화차, 급행차, 완행차,
그리고 특별 렬차, 국제 렬차도
거침없이 들어 보내네.

그리하여 박달나무는

평양 농기계 공장 들어 가
말쑥하게 다듬키워 보섭채[20] 되여
느림줄 멋지게 허리에 달고
연안'벌 넓은 벌에 해가 맞도록
제나라 살찐 땅을 갈아 엎네.

그리하여 봇나무는
길주 제지 공장 찾아 가서
약물로 미역 감고 흐늑흐늑 녹아
팔프[21]가 되었다가 종이가 되여
그림과 옛말을 들고 나오네
산수 문제를 들고 나오네.

이리하여 어느 산'골
나무 동무 일곱 동무
언제나 꿈꾸며 바라던 대로
나라 위해 몸과 마음 바쳐 일하네.

---

[1] **이깔나무** : 잎갈나무. 소나뭇과의 낙엽 교목. 높이는 37미터 정도이고, 지름은 1미터 정도이며, 잎은 바늘 모양이다. 4월에 꽃이 피고 열매는 구과(毬果)로 9월에 조금 검은 빛을 띤 갈색 또는 붉은 갈색으로 익는다. 건축, 선박, 펄프 따위에 재목으로 쓴다. 한국의 금강산 이북, 중국, 일본 등지에 분포한다.
[2] **봇나무** : 자작나무의 북한어.
[3] **동발** : '동바리'의 준말. 갱도 따위가 무너지지 않게 받치는 나무 기둥.
[4] **배판장** : 배의 판장(板墻). '판장'은 '널빤지로 만든 울타리'를 뜻함.

⁵ **괴목** : 기차 선로 아래에 까는 목재. 흔히 침목枕木이라고 함.
⁶ **섶누에** : 산누에나방과에 속한 나방의 애벌레. 집누에와 비슷하나, 몸이 더 크고 무게는 네 배가량 더 무겁다. 참나무, 떡갈나무 따위의 잎을 먹고 담갈색의 고치를 지어 번데기로 된다.
⁷ **돗벌레** : 가두배추밤나비, 배추밤나비, 밀밤나비 따위의 애벌레를 통틀어 이르는 말. 주로 작물의 뿌리목을 잘라 먹어 식물을 죽인다.
⁸ **진두** : '진디'의 방언. 진딧물과에 속한 곤충을 통틀어 이르는 말. 개미와 공생하며 대롱 모양의 입으로 식물의 즙액을 빨아먹거나 농작물에 바이러스를 전염시키는 해충이다.
⁹ **자벌레** : 자벌레나방의 애벌레. 몸은 가늘고 긴 원통형이며, 이동할 때 꼬리를 머리 쪽으로 오그려 붙이고 몸을 앞으로 펴면서 기어다닌다. 유충은 작은 가지나 잎줄기를 닮았으며, 잎을 먹는데 나무에 심각한 해를 끼치거나 나무를 파괴한다.
¹⁰ **좀** : 좀목 좀과에 속한 곤충. 옷이나 나무, 곡식, 종이 따위를 못 쓰게 만드는 조그마한 벌레로, 몸길이는 11~13㎜ 정도이고 몸빛은 흑갈색이며 비늘로 덮여 있다.
¹¹ **쏠지** : 잘게 물어뜯지. '쏠다'는 '쥐나 해충이 어떤 물건을 잘게 물어뜯다'는 뜻.
¹² **끄리지** : '끓이지'의 방언. '끓이다'는 '사람이나 동물이 어디에 빽빽하게 많이 모이거나 우글거리는 상태'를 뜻하는 말.
¹³ **집지** : 이빨로 물어뜯지.
¹⁴ **전선 대** : 전선電線이나 전화선을 늘여매기 위해 세운 큰 기둥.
¹⁵ **참호** : 야전野戰에서 적의 공격에 대비하여 구축한 방어 시설.
¹⁶ **서까래** : 지붕판을 만들고 추녀를 구성하는 가늘고 긴 각재角材.
¹⁷ **짐부러진** : 서로 엉킨 채로 낮게 흐트러진.
¹⁸ **저마끔** : '저마다'의 방언.
¹⁹ **레루** : '레일'의 북한 말.
²⁰ **보섭채** : 보섭(보습의 방언)을 지탱하는 나무기둥. '보습'은 '쟁기나 따비, 극쟁이 등의 술바닥에 끼워 땅을 갈아 흙덩이를 일으키는 데 쓰는 삽 모양의 쇳조각'을 이르는 말.
²¹ **팔프** : 펄프pulp. 목재 등의 식물체를 기계적 또는 화학적으로 처리하여, 셀룰로오스 섬유를 분리하고 섬유소를 뽑아낸 것. 종이나 인조 섬유 등의 원료로 쓰인다.

말똥굴이

이 세상 어느 곳에
새 한 마리 산다네.
재주 없고 게으른
새 한 마리 산다네.

새맨가 하면
새매 아니고
독수린가 하면
독수리 아닌,
날쌔지도 억세지도 못한
새 한 마리 산다네.

갈밭 우를 빙빙
떠돌다가는
동비탈에 풀썩
내려 앉고,
동비탈에 우두머니
깃을 다듬단
이 논'배미' 저 논'배미
넘고 넘네.

나는 새를
잡으려 하나

날쌔지 못해 못 잡고
기는 짐승을
잡으려 하나
게을러서 못 잡고,

하늘에 떠서는
메추리 생각만,
땅에 앉아선
들쥐 생각만.

아침 가고
낮이 오고,
낮 가고
저녁이 와,
재주 있고 부지런한
뭇새들이
배부르고 즐거워
노래 부르며
보금자리 찾아서
돌아들 올제,

이 세상 어느 곳
새 한 마리,
재주 없고 게으른
새 한 마리는
날아 가고 날아 오다
눈에 띠우는

말똥덩이 바라고
내려 앉네,
메추리로 여겨서
내려 앉네,
들쥐로 여겨서
내려 앉네.

재주 없고 게으른
새 한 마리
말똥덩이 타고 앉아
쿡쿡 쪼으며
멋없이 성이 나
중얼대는 말 ―
≪털이나 드문드문
났으면 좋지,
피나 쭐쭐
꼴으면 좋지!≫

이 때에 지나가던
뭇새들이
이 꼴이 우스워
내려다 보며
서로 지껄여
우여주는 말 ―
≪재주 없고 게을러
말똥만 쫓는
네 이름 다름 아닌
말똥굴이.≫

[1] **동비탈** : 동誦둑, 크게 쌓은 둑위 비탈.
[2] **논 배미** : 논두렁으로 둘러싸여 다른 논과 구분되는 논의 하나하나의 구역.
[3] **꼴으면** : 나면. 흐르면.
[4] **우여주는** : 놀려대는.

배'군과 새 세 마리

어느 때 어느 곳에
배'군 하나 살았네,
하루는 난바다'에
고기잡이 나갔더니
센 바람에 돛 꺾이고
큰 물'결에 노를 앗겨³
바람 따라 물'결 따라
밤낮 없이 떠흘렀네.

배고프고 목마르고
비 맞아 몸은 얼고
가엾은 이 배'군은
거의거의 죽어 갔네.

그러자 난데 없는
새 세 마리 날아 왔네.

한 새는 고물⁴ 밀고
한 새는 이물⁵ 끌고
또 한 새는 배'전⁶ 밀어
어느 한 섬 다달았네.

섬에 오른 이 배'군

목숨 건져 고마우나
앉아 걱정 서서 걱정
자꾸만 걱정했네.

그러자 새 한 마리
배'군 보고 물었네 ―
≪배'군 아저씨
배'군 아저씨
무슨 걱정 그리 해요?≫

이 말 들은 배'군이
대답하는 말
≪돛대 없어 걱정이다
노가 없어 걱정이다.≫

이 때에 새 한 마리
얼른 하는 말
≪그런 걱정 아예 마오
돛대 삿대 내 만들게.≫

이 때부터 톱새는
하루 종일 톱질했네,
삐꿍삐꿍 톱질했네,
돛대'감 노'감을
자르노라고.

돛대 없어 노'대 없어

걱정하던 이 배'군
돛대 얻어 노'대 얻어
걱정도 없으련만
그러나 웬일인지
자나 깨나 걱정이네.

그러자 새 한 마리
배'군 보고 물었네.
≪배'군 아저씨
배'군 아저씨
무슨 걱정 그리 해요?≫

이 말 들은 배'군이
대답하는 말
≪들물 몰라 걱정이다
썰물 몰라 걱정이다.≫

이 때에 새 한 마리
얼른 하는 말
≪그런 걱정 아예 마오
들물 썰물 내 알릴게.≫

이 때부터 또요새는
물때'마다 웨쳐댔네
또요 또요 웨쳐댔네.
밀물이 또 미는 걸
알리노라고

들물 몰라 썰물 몰라
걱정하던 이 배'군
들물 알아 썰물 알아
걱정도 없으런만
그러나 웬일인지
자나 깨나 걱정이네.

그러자 새 한 마리
배'군 보고 물었네
≪배'군 아저씨,
배'군 아저씨
무슨 걱정 그리 해요?≫

이 말 들은 배'군이
대답하는 말
≪무채[10] 없어 걱정이다
외채[11] 없어 걱정이다.≫

이 때에 새 한 마리
얼른 하는 말
≪그런 걱정 아예 마오
무채 외채 내 썰을게.≫

이때부터 쑥쑥새는
저녁이면 채 썰었네
쑥쑥 쑥쑥 채 썰었네,

무나물 외나물을
무치노라고.

그러자 이 배'군은
걱정 근심 하나 없이
들물 따라 썰물 따라
그물질을 나갔다네,
도요새가 알리는
소리 듣고.

그러자 이 배'군은
걱정 근심 하나 없이
돛을 달고 노를 저어
먼 바다에 배질했네.
톱새가 잘라 놓은
돛대와 노로.

그러자 이 배'군은
걱정 근심 하나 없이
무채나물 외채나물
저녁 찬도 맛있었네,
쑥쑥새가 썰어 무친
채나물로.

[1] **배 군** : 뱃사공.
[2] **난바다** : 육지에서 멀리 떨어진 바다.
[3] **앗겨** : 빼앗겨.
[4] **고물** : 배의 뒤쪽 부분.
[5] **이물** : 배의 머리 부분.
[6] **배 전** : 배의 양쪽 가장자리 부분.
[7] **노 대** : '노'의 방언. 물을 헤쳐 배를 나아가게 하는 기구.
[8] **들물** : '밀물'의 방언.
[9] **물때** : 밀물과 썰물이 들어오고 나가고 하는 때.
[10] **무채** : 채칼로 치거나 가늘게 썬 무.
[11] **외채** : 채칼로 치거나 가늘게 썬 오이.

준치가시

준치는 옛날엔
가시 없던 고기.
준치는 가시가
부러웠네,
언제나 언제나
가시가 부러웠네.

준치는 어느 날
생각다 못해
고기들이 모인 데로
찾아 갔네,
큰 고기, 작은 고기,
푸른 고기, 붉은 고기.
고기들이 모일 데로
찾아 갔네.

고기들을 찾아 가
준치는 말했네
가시를 하나씩만
꽂아 달라고
고기들은 준치를
반겨 맞으며
준치가 달라는
가시 주었네,

저마끔 가시들을
꽂아 주었네.

큰 고기는 큰 가시
잔 고기는 잔 가시,
등'가시도 배'가시도
꽂아 주었네.

가시 없던 준치는
가시가 많아져
기쁜 마음 못 이겨
떠나려 했네.

그러나 고기들의
아름다운 마음!
가시 없던 준치에게
가시를 더 주려
간다는 준치를
못 간다 했네.

그러나 준치는
렴치 있는 고기,
더 준다는 가시를
마다고 하고,
붙잡는 고기들을
뿌리치며
온 길을 되돌아
달아 났네.

그러나 고기들의
아름다운 마음!
가시 없던 준치에게
가시를 더 주려
달아 나는 준치의
꼬리를 따르며
그 꼬리에 자꾸만
가시를 꽂았네,
그 꼬리에 자꾸만
가시를 꽂았네.

이 때부터 준치는
가시 많은 고기,
꼬리에 더우기
가시 많은 고기.

준치를 먹을 때엔
나물쟈² 말자,
가시가 많다고
나물지 말자.
크고 작은 고기들의
아름다운 마음인
준치 가시를
나물지 말자.

¹ **저마끔** : '저마다'의 방언.
² **나물지** : 나무라지.

소나기*

학교에 늦어진 2학년 욱이를
여름 아침 소나기가 따라잡았다.
잔솔밭 고개 넘어 외진 길에서
혼자 가는 욱이를 따라잡았다.

작난군이 소나기는 짓궂이게도
게름뱅이 욱이를 놀려 주었다.
갑자기 우닥딱 가랑잎도 따리고
갑자기 쏴 하고 솔가지도 흔들고.

소나기는 좋아라고 덤벼들어서
욱이의 머리를 다 적셔 주고
욱이의 두 볼을 다 적셔 주고
욱이의 책보와 신발도 더 적시였다.

그리고는 소나기 길이 바쁜 듯
앞서 가며 욱이를 돌아보고
"학교에 늦어지면 인젠 알았지?
언제나 따라와서 적셔 줄 테야!"

―『소년단』 8월호, 민주청년사(1956)

* 박태일, 「백석의 새 발굴 작품 셋과 사회주의 교양」, 『비평문학』 57(2015.9) 재인용.

메'돼지

곤히 잠든 나를
깨우지 말라.
하루 온종일
산'비탈 감자밭을
다 쑤셔 놓았다.

소 없는 어느 집에서
보습 없는 어느 집에서
나를 데려다가
밭을 갈지나 않나!

— 『아동문학』(1957.4)

강가루

새끼 강가루는
업어 줘도 싫단다.

새끼 강가루는
안아 줘도 싫단다.

새끼 강가루는
엄마 배에 달린
자루 속에만
들어가 있잔다!

― 『아동문학』(1957.4)

기린

기린아,
아프리카의 기린아,
너는 키가 크기도 크구나
높다란 다락 같구나,
너는 목이 길기도 길구나
굵다란 장대 같구나.

네 목에 기'발을 달아 보자
붉은 기'발을 달아 보자,
하늘 공중 부는 바람에
기'발이 펄럭이라고,
백리 밖 먼 데서도
기'발이 보이라고.

— 『아동문학』(1957.4)

산양

누구나
싸울테면 싸워 보자
벼랑으로만 오너라.

벼랑으로 오면
받아 넘길테니,
까마득한 벼랑 밑으로
차 굴릴테니.

싸울테면 오너라
범이라도 곰이라도
다 오너라,
아슬아슬한 벼랑'가에
언제나 내가 오똑 서 있을테니.

— 『아동문학』(1957.4)

감자

흰 감자는 내 것이고
자짓빛¹ 감자는 네 것이니
흰 감자는 내가 먹고
자짓빛 감자는 네가 먹으라

— 『평양신문』(1957.7.19)

¹ **자짓빛** : 자줏빛. 자지紫地는 자주색.

오리들이 운다

한종일 개울'가에
엄지오리들이 빡빡
새끼오리들이 빡빡.

오늘도 동무들이 많이 왔다고 빡빡
동무들이 모두 낯이 설다고 빡빡.

오늘은 조합 목장에 먼 곳에서
크고 작은 낯선 오리 많이들 왔다.
온몸이 하이얀 북경종¹ 오리도
머리가 새파란 청둥 오리도.

개울'가에 빡빡 오리들이 운다.
새 조합원 많이 와서 좋다고 운다.

— 『아동문학』(1960.5)

---

¹ **북경종** : 중국대륙이 원산지인 난육겸용종 오리. 체질이 강하고 오리 특유의 냄새가 적어 식용가치가 큰 오리 품종이다.

송아지들은 이렇게 잡니다

송아지들은 송아지들끼리 잠을 잡니다.
좋은 송아지들은 엄마 곁에서는 아니 잡니다.

송아지들은 모두 엉덩이들을 맞대고 잡니다.
머리들은 저마끔¹ 딴데로 돌리고 잡니다.
승냥이가 오면, 범이 오면 뿔로 받으려구요.
뿔이 안 났어도 이마빼기로라도 받으려구요.

송아지들은 캄캄한 밤 깊은 산 속도 무섭지 않습니다.
승냥이가 와도 범이 와도 아무 일 없습니다.
송아지들은 모두 한데 모여서 한마음으로 자니까요.
송아지들은 어려서부터도 원쑤에게 마음을 놓지 않으니까요.

— 『아동문학』(1960.5)

---

¹ **저마끔** : '저마다'의 방언.

앞산 꿩, 뒤'산 꿩

아침에는 앞산 꿩이
목장에 와서 꼑꼑,
저녁에는 뒤'산 꿩이
목장에 와서 꼑꼑

아침 저녁 꿩들이 왜 우나?
목장에 내려와서 왜 우나?

꿩들도 목장에서 살고 싶어 울지
꿩들도 조합 꿩이 되고 싶어 울지.

— 『아동문학』(1960.5)

제5부

분단 이후의 시

등고지

정거장에서 60리
60리 벌'길은 멀기도 했다.

가을 바다는 파랗기도 하다!
이 파란 바다에서 올라 온다—
민어, 농어, 병어, 덕재, 시왜, 칼치…가

이 길외진 개포에서
나는 늙은 사공 하나를 만났다.
이제는 지나간 세월

앞바다에 기여든 원쑤를 치러
어든밤 거친 바다로
배를 저어 갔다는 늙은 전사를.!

멀리 붉은 노을 속에
두부모처럼 떠 있는
그 신도'라는 섬으로 가고 싶었다.

— 『문학신문』(1957.9.19)

1 **어든** : '어느'의 방언.
2 **신도** : 신도薪島. 평안북도 용천군 신도면에 속한 섬. 압록강 하구로부터 약 12㎞ 떨어진 지점에 위치한 섬으로 일명 장자도獐子島라고도 함. 육지가 침수되어 이루어진 섬이다.

제3인공위성

나는 제3인공위성
나는 우주 정복의 제3승리자
나는 쏘베트 나라에서 나서
우주를 나르는 것

쏘베트 나라에 나서
우주를 나르는 것
해방과 자유의 사상
공존과 평화의 이념
위대한 꿈 아닌 꿈들……
나는 그 꿈들에서도 가장 큰 꿈

나는 공산주의의 천재
이 땅을 경이로 휩싸고
이 땅을 희망으로 흐뭇케 하고
이 땅을 신념으로 가득 채우고
이 땅을 영광으로 빛내이며
이 땅의 모든 설계를 비약시키는 나

나는 공산주의의 자랑이며 시위
공산주의 힘의, 지혜의
공산주의 용기의, 의지의

모든 착하고 참된 정신들에는
한없이 미쁜 의지, 힘찬 고무로
모든 사납고 거만한 정신들에는
위 없이 무서운 타격, 준엄한 경고로
내 우주를 나르는 뜻은
여기 큰 평화의 성좌 만들고저!

지칠 줄 모르는 공산주의여,
대기층을 벗어나, 이온층을 넘어
뭇 성좌를 지나, 운석군을 뚫고
우주의 아득한 신비 속으로
태양계의 오묘한 경륜 속으로
크게 외치어 바람 일구어
날아 오르고 오르는 것이여,

나는 공산주의의 사절
나는 제3인공위성

— 『문학신문』(1958.5.22)

이른 봄

골안에 이른 봄을 알린다 하지 말라
푸른 하늘에 비낀 실구름이여,
눈 녹이는 큰길'가 버들강아지여,
돌배나무 가지에 자지러진 양진이 소리여.

골안엔 이미 이른 봄이 들었더라
산'기슭 부식토 끄는 곡괭이 날에,
개울섶 참버들 찌는 낫자루에,
양지쪽 밭에서 첫운전하는 뜨락또르¹ 소리에.

골안엔 그보다도 앞서 이른 봄이 들었더라
감자 정당 40톤, 아마 정당 3톤 —
관리위원회에 나붙은 생산 계획 수'자 우에,
작물별 경지 분당 작업 반장 회의의
밤새도록 밝은 전등 불'빛에.

아, 그보다도 앞서 지난해 가을
알곡을 분배 받던 기쁨 속에, 감사 속에,
그때 그 가슴 치밀던 증산의 결의 속에도.

붉은 마음들 붉게 핀 이 골안에선
이른 봄의 드는 때를 가르기 어려웁더라,
이 골안 사람들의 그 붉은 마음들은

언제나 이른 봄의 결의로, 긴장으로 일터에 나서나니.

— 『조선문학』(1959.6)

---

[1] **뜨락또르** : '트랙터'의 북한어.

공무 려인숙

삼수¹ 삼십 리, 혜산² 칠십 리
신파³ 후창⁴이 삼백 열 리,
북두가 산머리에 내려 앉는 곳
여기 행길'가에 나앉은 공무려인숙.

오고가던 길'손들 날이 저물면
찾아 들어 하룻밤을 묵어 가누나—
면양 칠백 마리 큰 계획 안고
군당을 찾아갔던 어느 협동 조합 당 위원장,
근로자 학교의 조직과 지도를 맡아
평양 대학에서 온다는 한 대학생,
마을 마을의 수력 발전, 화력 발전
발전 시설을 조사하는 군 인민위원회 일'군,
붉은 편지 받들고 로동 속으로 들어 가려
신파 땅 먼 림산 사업소로 가는 작가…

제각기 찾아 가는 곳 다르고,
제각기 서두르는 일 다르나
그러나 그들이 이 집에 이르는 길,
이 집에서 떠나가는 길
그것은 오직 한 갈래'길 — 사회주의 건설의 길.

돈주⁵아 고삭⁶아 이끼 덕이 치고

통나무 굴뚝이 두 아름이나 되는 이 집아,
사회주의 높은 봉우리 바라
급한 길 다우치다 길 저문 사람들
하룻밤 네 품에 쉬여 가나니,

아직 채 덩실하니 짓지 못한
산'골 행길'가의 조그마한 려인숙이라
네 스스로 너를 낮추 여기지 말라,
참구름⁸ 노전⁹ 투박한 자리로나마
너 또한 사회주의 건설에 힘 바치는 귀한 것이어니.

— 『조선문학』(1959.6)

---

[1] **삼수**: 함경남도 북서단에 있는 군(郡). 동쪽은 갑산군·혜산군, 서쪽은 평안북도 후창군, 남쪽은 풍산군·장진군, 북쪽은 압록강을 사이에 두고 중국 만주의 장백현과 경계하고 있는 지역.

[2] **혜산**: 함경남도 북동부에 있는 군(郡). 동쪽은 함경북도 무산군, 서남쪽은 삼수군, 남쪽은 갑산군, 북서쪽은 압록강을 경계로 하여 중국 만주 지방의 장백현과 접하고 있는 지역.

[3] **신파**: 함경남도 삼수군 북쪽에 있는 지명.

[4] **후창**: 평안북도 북동부에 있는 군(郡). 동쪽은 함경남도 삼수군, 서쪽은 자성군, 남쪽은 강계군과 함경남도 장진군에 접하고, 북쪽은 압록강을 사이에 두고 중국 만주의 장백현과 마주하고 있는 지역.

[5] **돈주**: 동주(銅柱). 구리로 만든 기둥.

[6] **고삭**: 가구를 만들 때 사개에 덧붙여 가구를 더욱 튼튼하게 하는 나무.

[7] **다우치다**: '다그치다'의 방언.

[8] **참구름**: 귀룽나무의 일종. 삿자리를 만들 때 쓴다.

[9] **노전**: 갈잎이나 조짚, 수숫대 또는 귀룽나무 껍질 따위를 엮어서 만든 깔개.

갓나물

삼수 갑산 높은 산을 내려
홍원' 전잔² 동해바다에
명태를 푸러 갔다 온 처녀,
한달 열흘 일을 잘 해
민청상을 받고 온 처녀,
삼수 갑산에 돌아와 하는 말이 —

"삼수갑산 내 고향 같은 곳
어디를 가나 다시 없습데.
홍원 전진 동태 생선 좋기는 해도
삼수갑산 갓나물만 난 못합데."

그런데 이 처녀 아나 모르나,
한달 열흘 고향을 난 동안에
조합에선 세 톤짜리 화물 자동차도 받아
래일 모레 쌀과 생선 실러 가는 줄.
래일 모레 이 고장 갓나물 실어 보내는 줄.

삼수 갑산 심심 산'골에도
쌀이며 생선 왕왕 실어 보내는
크나큰 그 배려 모를 처녀 아니나,
그래도 제 고장 갓나물에서
더 좋은 것 없다는 이 처녀의 마음,

삼수 갑산 갓나물 같이 향기롭구나 —

— 『조선문학』(1959.6)

1 **홍원**: 함경남도 중남부에 위치한 군郡. 동북쪽은 북청군, 서쪽은 함주군, 서북쪽은 신흥군, 남쪽은 동해에 면해 있는 지역.
2 **전진**: 전진前津, 함경남도 홍원군 남동쪽에 소재한 항구.

공동식당

아이들 명절날처럼 좋아한다.
뜨락이 들썩 술레잡기, 숨박꼭질,
퇴¹ 우에 재깔대는 소리, 깨득거리는² 소리.

어른들 잔치날처럼 흥성거린다.
정주문, 큰방문 연송 여닫으며 들고 나고
정주에, 큰방에 웃음이 터진다.

먹고 사는 시름 없이 행복하며
그 마음들 이대도록 평안하구나,
새로운 동지의 사랑에 취하였으매
그 마음들 이대도록 즐거웁구나.

아이들 바구니, 바구니 캐는 달래
다 같이 한부엌으로 들여 오고,
아낙네들 아끼여 갓 헐은 김치
아쉬움 모르고 한식상에 올려 놓는다.

왕가마들에 밥은 잦고³ 국은 끓어
하루 일 끝난 사람들을 기다리는데
그 냄새 참으로 구수하고 은근하고 한없이 깊구나
성실한 근로의 자랑 속에…

밭 갈던 아바이, 감자 심던 어머이
최뚝⁴에 송아지와 놀던 어린것들,
그리고 탁아소에서 돌아온 갓난것들도
둘레둘레 둘려 놓인 공동 식탁 우에,
한없이 아름다운 공산주의의 노을이 비낀다.

— 『조선문학』(1959.6)

---

¹ **퇴** : 툇마루. 방과 마당 사이에 있는 좁은 마루.
² **깨득거리는** : '깨득거리다'는 주로 아이나 여자들이 명랑하고 천진하게 웃는 소리가 자꾸 나다.
³ **잦고** : 되고, '잦다'는 '액체가 줄어들어 밑바닥에 깔리다'는 뜻으로 여기에서는 '밥이 되다'는 의미.
⁴ **최뚝** : 밭둑의 평안방언.

축복

이 먼 타관에 온 낯설은 손을
이른 새벽부터 집으로 청하는 이웃 있도다.

어린것의 첫생일이니
어린 것 위해 축복 베풀려는 이웃 있도다.

이깔나무 대들보 굵기도 한 집엔
정주에, 큰방에, 아이 어른 — 이웃들이 그득히들 모였는데,
주인은 감자국수 눌러, 토장국에 말고
콩나물 갓김치를 얹어 대접을 한다.

내 들으니 이 집 주인은 고아로 자라난 사람,
이 집 안주인 또한 고아로 자라난 사람.
오직 당과 조국의 품안에서
당과 조국을 어버이로 하고 자라난 사람들.
그들의 목숨도 사랑도 그리고 생활도
당과 조국에서 받은 것이어라.

그리고 그들의 귀한 한 점 혈육도
당과 조국에서 받은 것이어라.
이 아침, 감자 국수를 누르고, 콩나물 메워
이웃 사람들을 대접하는 이 집 주인들의 마음에
이 아침 콩나물을 놓은 감자 국수를 마주하여

이 집 주인들의 대접을 받는 이웃 사람들의 마음에
가득히 차오르는 것은 어린아이에 대한 간절한 축복,
그리고 당과 조국의 은혜에 대한 한량 없는 감사.

나도 이 아침 축복 받는 어린 것을 바라보며,
당과 조국의 은혜 속에 태어난 이 어린 생명이
당과 조국의 은혜 속에 길고 탈 없는
  한평생을 누리기와,
그 한평생이 당과 조국을 기쁘게 하는
  한평생이 되기를 비노라.

―『조선문학』(1959.6)

---

[1] **정주** : 정주간鼎廚間. 부엌과 안방 사이에 벽이 없이 부뚜막과 방바닥이 한데 이어져 있는 곳. 함경도 지방에서 흔히 볼 수 있다.
[2] **토장국** : 된장을 풀어서 끓인 국.
[3] **메워** : 만들어. 조리하여.

하늘 아래 첫 종축¹ 기지에서

어미돼지들의 큰 구유들에
벼 겨, 그리고 감자 막걸리,
새끼돼지들의 구유에
만문한² 삼배³ 절음⁴에, 껍질 벗긴 삶은 감자,
그리고 보리 길금⁵에 삭인 감자 감주.

이 나라 돼지들, 겨웁도록 복되구나
이 좋은 먹이들 구유에 가득히들 받아.
하늘 아래 첫 종축 기지로 오니
내 마음 참으로 흐뭇도 하구나.

눈'길이 모자라는, 아득히 넓은 사료전에
맥류며, 쎌로스용⁶ 옥수수,
드높은 사료 창고엔 룡마루를 치밀며
싸리⁷잎, 봇나무'잎, 찔광이⁷잎, 가둑나무⁸잎…

풀을 고기로의 당의 어진 뜻
온 밭과 고'간과 사람들의 마음에 차고 넘쳐,
하늘 아래 첫 종축 기지로 오니
내 마음 참으로 미쁘기도 하구나.

흐뭇하고 미쁜 마음 가슴에 설레인다,
이 풀밭에 먹고 노는 큰 돼지, 작은 돼지

백만이요, 천만으로 개마고원에 살찔 일 생각하매,
당의 웅대하고 현명한 또 하나 설계가
조국의 북쪽 땅을 복지로 만드는 일 생각하매.

북수백산 찬바람이 내려치는 여기에
밤으로, 낮으로, 흐뭇하고 미쁜 일 이루어가며
사람들 뜨거운 사랑으로 산다 —
돼지 새끼 하나 개에게 물렸다는 말에
지배인도, 양돈공도 안타까이 서둔다,
그리고 분만 앞둔 돼지를 지켜
번식돈 관리공이 사흘 밤을 곧장 세운다.

이렇듯 쓰다듬고, 아끼며
당의 뜻 받들고 사는 사람들
하늘 아래 첫 종축 기지로 오니
마음 참으로 뜨거워 온다.

내 그저 축복 드린다,
하늘 아래 첫 종축 기지의 주인들에게
기쁨에 찬, 한량없는 축복 드린다.

— 『조선문학』(1959.9)

---

[1] **종축** : 종축種畜. 씨가축. 우수한 새끼를 낳게 하기 위하여 기르는 우량 품종의 가축.
[2] **만문한** : '만만한'의 방언. 연하고 보드라운.
[3] **삼배** : 산배, 똘배.
[4] **절음** : 절임.

[5] **길금** : '엿기름'의 방언. 보리에 물을 부어 싹이 트게 한 다음에 말린 것.
[6] **씰로스용** : 풀김치. 풀을 잘게 썰어 소금을 쳐서 통 따위에 다져 넣어 절임한 가축의 먹이.
[7] **찔꽹이** : 찔광이. 산사나무의 열매.
[8] **가둑나무** : 떡갈나무.
[9] **양돈** : 돼지를 먹여 기름, 또는 그 돼지.

돈사의 불

깊은 산골의 야영 돈사엔
밤이면 불을 켠다.
한 5 리 되염즉,¹ 기다란 돈사,
그 두 난끝 낮은 처마끝에 달아
유리를 대인 기다란 네모 나무등에
가스'불, 불을 켠다.

자정도 지난 깊은 밤을
이 불 밑으로 번식돈 관리공이 오고 간다.
2년 5산 많은 돼지를 받노라, 키우노라,
항시 기쁨에 넘쳐 서두르는
뜨거운 정성이, 굳은 결의가 오고 간다 —

다산성 번식돈이 밤 사이
그 잘 줄 모르는 숨'소리 사이로,
1년 3산의 제2산 종부가 끝난 번식돈의
큰 기대 안겨주는 그 소중한, 고로운 숨'소리 사이로,
또 시간 젖에 버릇 붙여 놓은 새끼돼지들의
어미의 젖꼭지를 찾아 덤비는 그 다급한 외침 소리 사이로,

그러던 이 관리공의 발길이 멎는다,
밤'중으로, 아니면 날 새자 분만할 돼지의
갓자리 보는 그 초조한 부스럭 소리 앞에.

그 발길 이 기대에 찬 분만의 자리를 지켜 오래 머문다.

밀기울⁴ 누룩의 감자술 만들어 사료에 섞기도 하였다,
류화철⁵ 용액으로, 더운물로 몸뚱이를 씻어도 주었다,
그러나 한 번식돈 관리공의 성실한 마음 이것으로 다 못해
이제 이 깊은 밤을 순산을 기다려 가슴 조이며
분만 앞둔 돼지의 그 높고 잦은 숨소리에 귀 기울여 서누나.

밤이 더 깊어 가면 골 안에 안개는 돌아
돈사 네모등의 가스불 빛도 희미해진다,
그러나 돈사에는 이 불 아닌 또 하나 불이 있어
언제나 꺼질 줄도, 희미해질 줄도 없이 밝은 불.

이 불 — 한 해에 천 마리 돼지를 한 손으로 받아
사랑하는 나라에 바치려, 사랑하는 땅의 바라심을 이루우려,
온 마음 기울여 일하는 한 젊은 관리공의
당 앞에 드리는 맹세로 켜진, 그 붉은, 충실한 마음의 불.

— 『조선문학』(1959.9)

---

[1] **한 5 리 되염즉** : 한 5리 정도가 되는.
[2] **시간 젖** : 시간에 맞추어 주는 젖.
[3] **깃** : 외양간, 마구간, 닭의 둥우리 등에 깔아 주는 짚이나 마른풀.
[4] **밀기울** : 밀을 빻아 가루를 내어 체로 치고 남은 찌꺼기. 밀의 속껍질이 12~15% 가량 섞인 것으로 기호성이 높고 소화가 잘 되어 가축의 사료로 많이 쓰인다. 열량은 적지만 무기물이 많이 들어 있으며, 된장·누룩 등의 원료로도 쓰인다.
[5] **류화철** : 유화철硫化鐵. 황화철. 황과 철의 화합물을 통틀어 이르는 말.

눈

초조녁 이 산골에 눈이 내린다,
조용히 조용히 눈이 내린다,
갈매나무, 돌배나무 엉클어진 숲 사이
무리돌이 주저앉은 오솔길 우에
함박눈, 눈이 내린다.

초저녁 호젓도 한 이 외딴 길을
마을의 녀인 하나 걸어 간다
모롱고지 하나 돌아 작업반장네 집
이 집에 로전결이¹ 밤 작업에 간다.

모범 농민, 군 대의원, 그리고 어엿한 당원 —
박순옥 아맹이²의 위에 눈이 내린다
지아비, 원쑤를 치는 싸움에 바치고
여덟 자식 고이 길러내는 이 홀어미의 어깨에,
늙은 시아비, 늙은 시어미 정성으로 섬기여
그 효성 눈물겨운 이 갸륵한 며느리의 잔등에
눈이 내린다, 함박눈이 내린다.

이 녀인의 마음에도 눈이 내린다
잔잔하고 고로운³ 그 마음에,
때로는 거센 물결치는 그 마음에
슬프고 즐거운 지난 날의 추억들 우에,

타오르는 원쑤에의 증오 우에,
또 하루 당의 뜻대로 살은 떳떳한 마음 우에,
오늘의 만족 우에, 래일의 희망 우에
눈이 내린다, 눈이 쌓인다.

다정한 이야기같이, 살뜰한 쓰다듬같이
눈이 내린다.
위안같이, 동정같이, 고무같이
눈이 내린다.
이 호젓한 밤'길에 눈이 내린다,
녀인의 발'자국을 그리며 지우며,
뜨거워 뜨거운 이 녀인의 가슴 속
가지가지 생각의 자국을 그리며 지우며
푹푹 내리여 쌓인다, 그 어느 크나큰 은총도
홀어미를 불러 낮에도 즐겁게
홀어미를 불러 이 밤도 즐겁게
더욱 큰 행복으로 가자고, 어서 가자고
뒤에서 밀고 앞에서 당기는 당의 은총이,

밤'길 우에,
이 길을 걷는 한 녀인의 우에
눈이 내린다,
눈이 내려 쌓인다,
은총이 내린다,
은총이 내려 쌓인다.

— 『조선문학』(1960.3)

¹ **로전결이** : 갈대걷이. 노전蘆田은 갈대밭.
² **아맹이** : 아망위. 외투나 비옷의 깃에 덧붙여 머리에 뒤집어쓰는 모자의 일종. 일본어로는 '아마구'
³ **고로운** : 고달프고 외로운.

전별[1]

어제는 남쪽 집 처자의 시집가는 걸
산 우 아마밭머리에 바래 보냈더니
오늘은 동쪽 집 처자의 시집가는 걸
산 아래 감자밭둑에 바래 보내누나.

해'볕 따사롭고 바람 고로옵고
이 골짝, 저 골짝 진달래 산살구 꽃은 곱고
이 숲 속 저 숲 속 뻐꾸기 메'비둘기 새소리 구성지고
동쪽 집 처자는 높은 산을 몇이라도 넘어
먼먼 보첸[2] 땅으로 간다는데
보천 땅은 뒤'재 우에서도 백두산이 보인다는 곳,
사람들 동쪽 집 처자를 바래 보낸다
먼 밭, 가까운 밭에, 옹기중기 일어 서
호미 들어, 가래 들어 그의 앞날을 축복한다,
말하자면 이 어린 처자는 그들의 전우
전우의 앞날이 빛나기를 빈다,
하루에 감자밭 천평을 매 제끼는 솜씨 —
이 솜씨 칭찬하는 마음도 이 축복에 따르고
추운 날 산 우에 우등'불 잘도 놓던 마음씨 —
이 마음씨 감사하는 마음도 이 축복에 따르누나,
동쪽 집 처자는 산'길을 굽이굽이
뒤를 돌아 보며, 돌아 보며 발'길 무거이 간다.
가지가지 산천의 정이, 사람들의 사랑이

별리의 쓴 눈물 삼키게 하매

그 작은 붉은 마음 바쳐 온 싸움의 터 —

저 골짜기 발전소가, 이 비탈의 작잠장이

다하지 못한 충성을 붙들어놓지 않으매,

동쪽 집 처자는 고개를 넘어 사라진다,

그러나 그 깔깔대는 웃음 소리 허공에 들리누나,

그러나 그 흘린 땀 냄새 땅 우에 풍기누나,

어제는 남쪽 집 처자를 산 우에

오늘은 동쪽 집 처자를 산 아래

말하자면 이 어린 전우들을 딴 진지로 보내는 것은

마음 얼마큼 서운한 일이니

그러나 얼마나 즐겁고 미쁜 일인가

그러나 얼마나 거룩하고, 숭엄한 일인가!

— 『조선문학』(1960.3)

---

[1] **전별** : 전별餞別 '잔치를 베풀어 작별한다'는 뜻으로, 보내는 쪽에서 예를 차려 작별함을 이르는 말.

[2] **아마** : 아마과에 속한 한해살이풀. 줄기는 1m까지 자라며, 잎은 백록색으로 선형線形이다. 껍질의 섬유는 피륙을 짜는 데 쓰고, 씨는 아마인亞麻仁이라 하여 기름을 짜거나 약재藥材로 쓴다.

[3] **보천** : 양강도 북동부에 있는 군郡. 1952년에 혜산군 보천면, 대진면과 운흥면의 일부 지역을 통합하여 군을 새로 설립하면서 이 지역의 중심을 이루는 보천보가 있는 보천면의 이름을 따서 '보천군'이라 하였다. 보천보는 1509년경에 함경도 갑산도호부甲山都護府에 설치되었는데, 우리나라에서 가장 높은 지역에 설치된 보堡였으므로 보천이라 하였다 한다. '보'는 성을, '천'은 높다는 것을 뜻한다. 보천군은 백두산 용암지대의 남서쪽 끝에 위치하여 대부분의 지역이 1,500m 이상의 산지로 되어 있으며, 백두산맥을 분수

령으로 남서방향으로 가면서 낮아진다.
4 **뒤 재** : 집이나 마을의 뒤에 있는 높은 고개나 산마루.
5 **우등 불** : 화톳불의 북한어.
6 **작잠** : 산누에나방과에 속한 나방의 애벌레. 집누에와 비슷하나 몸이 더 크고 무게는 네 배가량 더 무거운 야생누에. 참나무, 떡갈나무 따위의 잎을 먹고 담갈색의 고치를 짓는다.

천 년이고 만 년이고…

천 년이고 만 년이고 먼먼 훗날에
세상에선 옛이야기 하나 전해 가리라.
서쪽 나라들에서는 —
"그 옛날 어느 동쪽 나라에…"
동쪽 나라들에서는 —
"그 어느 산 높고 물 맑은 나라에…"
그 이야기 허두 이렇게 나오리라.

그러나 그 이야기 하나로 흐리리라
"그 나라는 한때 긴긴 밤의 나라,
그 나라 사람들 광명을 못 보고 헤매였더라.
그 나라 독거미 같은, 승냥이¹ 같은 원쑤들에게 눌려
그 나라 사람들 고통 속에 울었더라"

그 이야기 이렇게 이어 가리라
"그 나라에 한 영웅 태어났더라
지혜와 용기 천하에 비할 데 없이,
나라와 인민에의 사랑 불보다 뜨거웠더라.
그 나라 북쪽 높은 산 우에 칼을 갈은 그
눈 속에 자고, 바람을 마시기 열 다섯 해,
드디여 원쑤들의 손에서 잃은 나라 찾고
인민들을 고통에서 구원하였더라."
그 이야기 또다시 이어 가리라

"영웅은 한 가지 진리를 믿어 싸웠더라
가난하고 학대 받는 모든 사람들이
이 세상 모든 것의 주인이 되어야 한다는 진리.
이 진리대로 영웅이 꾸민 나라,
이 나라엔 가지가지 기적들 일어났더라 —
산은 옮겨지고, 강물은 산으로 오르고
하루 밤 새 하늘 닿는 집채 일떠서고
하루 낮에 마른 땅은 오곡으로 물결쳤더라.
조화에 찬 기계 소리 온 나라에 울리고
창문마다 밤이면 별 아닌 별들 반짝였더라.
이리하여 이 나라 사람들
풍성한 살림 속에 노래 부르고 춤추고
자유와 행복을 누려 나는 새 같았더라."

수많은 시인과 력사가와 이야기꾼들은
아름다운 말들로 이 이야기 속의 영웅을 찬양하리라 —
하늘에서 내려 온 사람이였다고도
햇님이 낳은 아들이였다고도
또는 거룩한 인민의 수령이였다고도
또는 위대한 장군이였다고도.
그리고 그 말들 모두 사람들껜 참된 것이여라.

서쪽 나라 사람들도, 동쪽 나라 사람들도
천 년, 만 년 이 영웅의 이야기 외워 전하며
그를 흠모하리라, 존숭하리라,
그리고 이 영웅을 수령으로 받들었던 인민을
부러워하리라 축복하리라.

천년이고, 만년이고 먼먼 훗날
이 영웅을 사모하고 존숭하는 사람들 속에
내 문득 다시 태여난다면 얼마나 좋으랴!
내 동쪽 나라들에도, 서쪽 나라들에도 가며
내 그들에게 자랑하여 말하리라 —
내가 바로 그 영웅이 세운 나라 사람이였노라고,
내가 바로 진리 위해 싸운 그 영웅의 전사였노라고,
우리 그 이 얼굴 뵈올 때마다 우리의 심장 높이 뛰였더라고,
그 이 음성 들을 때마다 우리의 피는 뜨겁게 끓었더라고.

그럴 때면 그 사람들 나의 말을 향하여
열광하는 환호 그칠 줄 모르리니,
이 해일 소리 같은 요란한 소리 자기를 기다려
내 목청 높여 다시 한 마디 이을 말 —
그 사람들 다 알지 못 할 한 마디 말 웨치리라 —

"우리들 그 이의 뜻 가는 데 있었노라
우리들 그 이의 마음 속에만 살았노라.
그 이는 우리들의 자유였더라, 행복이였더라
그 이는 우리들의 청춘, 우리들의 사랑,
우리들의 목숨, 우리들의 력사였더라,
그 이는 우리들의 모든 것의 모든 것이였더라!"

— 『당이 부르는 길로 —조선로동당 창건 15주년 기념시집』(1960.10)

---

1 승난이 : 승냥이

탑이 서는 거리

혁명의 거리로
혁명의 노래가 흐른다.
혁명은 청춘,
청춘의 거리로
청춘의 대오가 흐른다.
흙 묻은 배낭에 담긴 충성이,
검붉은 얼굴에 빛나는 영예가,
높은 발구름에 울리는 투지가,
오색 기'발에 나부끼는 긍지가…
흐른다, 흐른다,
혁명의 거리로, 청춘의 거리로.
혁명의 거리로 흐르는 청춘들은
탑을 세우려 멀리서 왔구나,
혁명의 거리에 하늘 높이
탑 하나 장하게 세우려 왔구나.
이 높은 탑을 우러러
천만의 가슴 속마다 탑은 서리니
천만의 가슴 속에
천만의 탑을 세우려 왔구나, 청춘들이여.
진리의 승리를 믿어
조국 광복의 거룩한 길에서
때도 없이, 곳도 없이,
주저와 남김은 더욱 없이

바쳐질 대로 바쳐진 고귀한 사람들의
청춘이여, 사랑이여, 꿈이여, 목숨이여,
이 탑 속에 살으리라
만년 세월이 다 가도록 살으리라,
만년 세월이 다 가도록
천만의 가슴 속 탑들에도 살으리라.
혁명의 거리에 솟는 탑이여,
이 탑을 불러 인민 영웅의 탑이란다,
조국 강산에 향기로운 이름 남기고
천만 겨레의 사랑 속에 영생하는
그 사람들의 이름으로 부르고 부를
인민 영웅의 탑이란다,
영웅들의 이름, 가슴에 그리며, 따르며,
그들 위해 높은 탑을 세우려 온 청춘들이여,
영웅들의 청춘에
그대들의 청춘은 잇닿았으니,
영웅들의 력사에
그대들의 력사는 잇닿았으니,
청춘의 대오여,
그대들 오늘 이 영웅들 따라
영웅들 부르던 노래 높이 부르며
영웅들의 발걸음에 발을 맞추며
나아가누나, 그들이 가던 길로,
그들이 목숨 바쳐 닦아놓은 길로.

혁명의 거리로 흐르는 청춘들이여,
한 탑을 세워

천만의 탑을 세우려 온 청춘들이여!

— 『조선문학』(1961.12)

손'벽을 침은

자산 땅에 농사짓는 아주머니시여
동해 어느 곳의 선장 아바이시여
먼 국경 거리의 판매원 동무시여,
나와 자리를 나란히 또 마주한 이들이시여,
우리 다 같이 손'벽을 칩시다
우리 소리 높이 손'벽을 칠 때가 또 왔으니.

우리 손'벽을 치는 것은
우리들의 가슴 속에 기쁨이 솟구칠 때,
우리들의 영예가 못내 자랑스러울 때,

우리 손'벽을 치는 것은
우리들의 승리를 스스로 축하할 때
우리들의 마음 속에 타오르는 뜻이 있을 때.

우리 손'벽을 칩시다
적으나 크나 우리 시방
또 하나 자랑스러운 영예 지니었으니,
또 하나 가슴에 넘치는 기쁨 얻었으니.

나와 자리를 나란히 또 마주한 이들이시여,
우리 같이 먼 길을 오는 기나긴 동안
우리 서로 다정하게 지나는 이 차 안에서

한때의 거처를 알뜰히 거두었으매,
길에 나서 가질 마음도, 지킬 범절도
하나같이 소홀히 하지 않았으매

어여쁜 렬차원—처녀 우리의 차'간에 승리의 기'발 걸어주고
엄격한 차장 동무 우리의 승리를 기뻐 축하하여
이제 우리들은 려행의 승리자로 되었사외다.

우리 이 승리를 위해 또 손'벽 높이 칩시다.
우리 그 동안 얼마나 많은 손'벽 쳐 왔습니까
그 많은 우리들의 기쁨과 승리가 있을 때마다,
그 많은 우리들의 영예와 결의가 있을 때마다.

우리들의 손'벽 소리에
우리의 찬란한 역사는 이루어지고,
우리들의 손'벽 소리에
우리의 혁명은 큰 걸음을 내짚습니다.

한번도 헛되이 울린 적 없는 손'벽을
한번도 소홀히 울린 적 없는 손'벽을
오늘은 이 차 안의 조그만 승리 위해
조그만 영예 위해 우리 높이 울립시다.

우리 자리를 나란히 또 마주한 이들이시여,
우리의 손'벽을 높이 칩시다.
우리들의 가슴 속 높은 고동을 따라.

— 『조선문학』(1961.12)

돌아온 사람

쉰 세 번째 배로 왔노라 하였다.
그대의 서투른 모국의 말,
그로 하여 더욱 따사롭게 그대를 껴안누나,
조국의 품이.
그대의 해쓱한 얼굴,
섬나라 풍토 사나왔음이리니
그로 하여 더욱 자애로 차 바라보누나,
조국의 눈이.

이제는 차창에 기대여 잠들었구나,
그 기억 속 설레여 잘 줄 모르던
출항의 동라 소리도, 동해의 푸른 물'결도
조국 산천을 가리우던 눈'시울의 이슬도.

그러나 잠 못 들리라,
조국에 대한 사무치던 사모는,
심장에 끓어 넘치던 민족의 피는,
이 한 밤이 다 가도
천만 밤이 가고 또 가도,
아니, 잠 속에서도 사무치리라, 끓으리라

눈 감아, 이미 숨'소리 높은 사람아,
조국의 품은 구원이구나 자유구나,

행복이구나, 삶이구나.
이 품을 위해서는 좋으리라
열 동해를 모진 바람 속에 건너도.

돌아온 사람아,
의탁하라 그대의 감격도 피곤도
새벽 가까운 시각에 수도 향해 달리는 렬차에.
그대의 하루 밤의 운명 앞에는
이제 곧 찬란한 새날의 해돋이가 마주하리니.

돌아온 젊은 사람아
의탁하라 그대의 운명을,
위대한 력사의 시각을 달리는
조국의 크나큰 운명의 렬차에.

이 차는 머지않아 닿으리라,
금'빛 해'별 철철 넘치는 속에
이 나라 온 겨레가
이 누리의 모든 친근한 사람들이
공산주의 승리에 환호 올리는 곳에.

게서는 하늘과 땅에 삶의 기쁨 넘치고
인생의 향기 거리와 마을에 가득히 풍기리니,
이 아침을 향하여 길 바쁜 조국이
그 품에 그대의 안식을 안아 기쁘리라.

—『조선문학』(1961.12)

1 동라 : 동리銅鑼. '바라'의 북한어. 놋쇠로 전이 없는 대야 모양으로 만든 타악기. 채로
  쳐서 소리를 내는데 음색이 부드럽고 웅장하다. 농악이나 굿에 주로 쓰인다.

석탄이 하는 말

우리는 천 길 땅 밑으로부터
밝고 넓은 땅 우로 올라왔다.

층층히 나서는
우리들의 굳은 벽을
밤낮 없이 뚫러 나아가는
그 사람들의 힘으로 하여
그들의 그 무쇠 같은 팔뚝들로 하여
그 불덩이 같이 뜨거운 마음들로 하여
그리고 무엇보다도
우리를 어서 오라고
어서 많이 오라고
부르고 또 부르신 당의 뜻으로 하여

우리 천 길 땅 밑으로부터
밝고 넓은 땅 우로 올라왔다.

우리들 비록 천만 년을
땅 속에 묻혔던 몸들이나
우리들의 가슴에도 꺼질 줄 없이

오래오래 지녀온 소원은 있었다―
우리도 밝고 넓은 세상으로 나와

나라 위해 큰일을 하고 싶었다.

큰일들 바쁘게 벌어진 땅 우에서
사람들은 우리를 반겨준다.
사람들은 우리를 믿어준다.

여기서도 저기서도 우리를 찾는다—
제철소에서도 공장에서도
그리고 발전소에서도
가지가지로 우리에게 부탁한다—
쇠를 녹여달라. 전기를 낳아달라.
옷감과 구둣감이 되여 달라……

우리 비록 차고 굳은 석탄덩어리나
우리에게도 뜨거운 피가 뛴다.
우리 비록 꺼먼 석탄 덩어리나
우리에게도 붉은 심장은 있다.

일곱 해 크나큰 일의 한몫을 맡아
자랑과 감격 안고 나선 우리.
어떻게 이 부름들 아니 좇을가.
어떻게 이 부탁들 아니 들을가.
이 부름과 부탁들
그 어디서 오는 높을 뜻임을
우리도 잘 알고 있으니!

우리들 제철소로 간다.

공장으로 발전소로 간다.
쇠도 녹이고 전기와 가스도 낳으려고
또 곱고 질린 천으로도 되려고 간다.

이 나라 강한 나라로 부자 나라로 되도록
이 나라 사람들 더욱 행복하게 살도록
모든 것을 생각하시고
모든 것을 마련하시는 어머니 당의
그 따스한 마음과 높은 뜻을
이 나라 모든 사람들과 같이 받들려고 간다.

당은 이 검고 찬 몸뚱이에
뜨거운 피와 붉은 심장 주시였으니

우리 빨갛게 타고 타련다.
일곱 해의 첫 해에도
일곱 해의 마지막 해에도.

— 『새날의 노래』(1962.3)

강철 장수

멀지 않은 저 앞날에
또 하나 해가 솟으려 한다.
하늘의 해보다 더 밝은 해가
하늘의 해보다 더 뜨거운 해가

이 해는 공산주의 해
그 해 아래서는 온 세상 사람들
아무것에나 억눌리움 없이
하늘 나는 새와 같이 자유로이
아무것이나 그리움 없이
아침날의 꽃같이 풍만하게
그렇게 일하고 살아가는 세상.

우리나라는 지금
그 해를 바라 나아간다.
그 해를 어서 맞이하려
천리마의 기세로 달려 나아간다.

일곱 해가 지나는 날 우리나라가
그 밝은 해에 더욱 가까와지자고
힘세기로 이름난 여섯 장수가
나를 떠메고 나아간다.

석탄도 장수, 알곡도 장수,

철도 물고기도 집들도 장수,
그 가운데서도 가장 힘센 장수
그는 강철 장수란다.

강철 장수 앞장 서서 나아간다.
다섯 장수들이 뒤를 따른다.

강철 장수 다섯 장수들을 도와준다―
있는 제 힘 제대로들 다 쓰라고
뜨락또르 되여 알곡 장수를
쇠기둥이 되여 집 장수를
기관선이 되여 물고기 장수를
직포기가 되여 천 장수를.

공산주의 해를 바라
나라를 떠메고 내달리는
용감한 여섯 장수들의 앞에서
어머니 당이 걸어 가신다.
그들의 갈 길을 골라
어머니 당은 가리키신다.
그들이 길을 헛돌지 않도록
그들의 길이 막히지 않도록

다섯 장수들의 앞장에 서서
어머니 당을 따라 나아가는 강철 장수께
우리들 두 팔 높이 들어
큰 소리로 만세 외치자!

― 『새날의 노래』(1962.3)

1 **뜨락또르** : '트랙터'의 북한어.
2 **직포기** : 직포기織布機. 피륙(베, 비단, 무명 따위의 천)을 짜는 기계.

사회주의 바다

어느 나라에 바다가 있네
이 바다 넓고 푸른 바다라네

이 바다 이 나라 사람들을 부르네
봄, 여름, 가을, 겨울 없이
어느 때나 간절히 사람들을 부르네.
사람들도 젊은 사람들을 부르네.
그 푸른 물결의 노래로
그 흰 갈매기들의 춤으로.

그러나 그보다도 바다는 부르네
그 넓고 깊은 가슴에 가득 안은
살찌어 기름진 물고기들로 부르네.

이리하여 바다에는 배들이 덮이네
크고 작은 기곗배들이 덮이네
봄, 여름, 가을, 겨울 없이 덮이네.

바다는 흥성거리네
기쁨과 희망으로 찼네―
그 가슴을 울리는 발동기 소리들로,
멀리 하늘가로 퍼져 가는 뱃노래로,
행복한 뱃사람들의 웃음소리들로.

바다는 이 나라 사람들 위해
아담한 문화 주택 골고로히' 세워주네
재봉기도 라디오도 사들이네―
그 품에 담뿍 안은 기름진 물고기들로
살찐 미역이며 다시마며 조개들로.

바다는 이 나라 아이들에게
철따라 올곳볼곳 고운 옷을 입히네
시집 장가가는 젊은이들에겐
비단 이부자리도 마련하여 주네―
그 품에 담뿍 안은 기름진 물고기들로

살찐 미역이며 다시마며 조개들로.
이 나라 사람들에겐 고마우네
제 나라의 이 바다가 고마우네.
이 바다 그들에게
한없는 행복과 기쁨을 주는 바다이네.

그러나 이 바다 지난날엔
사람들에겐 어두운 바다였네
이 바다 많은 사람들을 위해
행복과 기쁨을 주는 바다는 아니었네.
그 가슴에 품은 크나큰 사랑도
그리고 풍성한 보배도
이 바다 많은 사람들께 주지 못했네
노동의 기쁨도 생활의 감격도

여기서는 사람들 찾지 못하였네.

그러나 오늘을 밝은 바다
이 나라 사람들의 바다 되여
사람들의 가슴을 뜨겁게 하네
제 나라의 제 바다를 사랑하는
그 마음으로 뜨겁게 하네.
바다는 사람들의 정신을 억세게 하네
이리도 고마운 제 나라의 제 바다를
그 어느 원쑤에게도 아니 빼앗길
그런 정신으로 억세게 하네.

딴 나라 사람들 이 나라로 와
이 바다, 어떤 바다이냐 물으면
이 나라 사람들 선뜻 대답하리라―
이 바다, 사회주의 나라의
사회주의 바다라고
이 바다, 사랑하는 우리 조국의
우리 조국의 바다라고.

— 『새날의 노래』(1962.3)

---

[1] 골고로히 : 골고루.

조국의 바다여

물'결이 온다
흥분해 떠는 힌 물'결이
기슭에 찰석궁 물을 던진다

울릉도 먼 섬에서 오누란다
섬에선 사람들 굶어 죽는단다
섬에는 배도 다 깨어졌단다.

물'결이 온다
격분으로 숨가쁜 푸른 물'결이
기슭을 와락 그러안는다

인천, 군산 항구에서 오누란다
항구를 끊임 없이 원쑤들이 들어 온단다
항구에선 겨레들이 팔려 간단다.

밤이고 낮이고 물'결이 온다,
조국의 남녘 바다 원한에 찬 물'결이
그리워 그리운 북으로 온다.

밤이고 낮이고 물'결이 간다
조국의 북녘 바다 거센 물'결이
그리워 그리운 남으로 간다,

울릉도로 간다, 인천으로도 간다.

주리고 떠는 겨레들에겐
일어 나라고, 싸우라고
고무와 격려로 소리치며,

뼈대의 피맺힌 원쑤들에겐
몰아 낸다고, 삼켜 버린다고
증오와 저주로 번쩍이며.

해가 떠서도, 해가 져서도
남쪽 북쪽 조국의 하늘을
가고 오고, 오고 가는 심정들 같이
남쪽 북쪽 조국의 바다를
오고 가고, 가고 오는 물'결들,

이 나라 그 어느 물'굽이에서도
또 그 어느 기슭에서도
쏴— 오누라고 치는 소리 속에
쏴— 가누라고 치는 소리 속에

물'결들아,
서로 껴안으라, 우리 그렇게 껴안으리라
서로 볼을 비비라, 우리 그렇게 볼을 비비리라
서로 굳게 손을 쥐라, 우리 그렇게 손을 쥐리라
서로 어깨 결으라, 우리 그렇게 어깨 결으리라

이 나라 남쪽 북쪽 한피 나눈 겨레의
하나로 뭉친 절절한 마음들 물'결 되여 뛰노는
동쪽 바다, 서쪽 바다, 또 남쪽 바다여,
칼로도 총으로도 또 감옥으로도
갈라서 떼여 내진 못할 바다여,
더러운 원쑤들이
오직 하나 구원 없는 회한 속에서
처참한 멸망을 호곡하도록
너희들 노호하라, 온 땅을 뒤덮을듯,
너희들 높이 솟으라, 하늘을 무너칠듯.

그리하여 그 어느 하루 낮도, 하루 밤도
바다여 잠잠하지 말라, 잠자지 말라
세기의 죄악의 마귀인 미제,
간악과 잔인의 상징인 일제
박정희 군사 파쑈 불한당들을
그 거센 물'결로 천 리 밖, 만 리 밖에 차던지라.

— 『문학신문』(1962.4.10)

나루터

이 이른 아침날
이 강기슭에서
살랑 바람에 붉은 넥타이 날리며
나무 심고 꽃 가꾸는 아이들아
돌 옮기고 길 닦는 아이들아.
너희들은 시방
정성 들여 공원을 꾸려 가누나,

아이들아 너희들의 빨간 볼들엔
웃음이 그냥그냥 피여 나고
너희들의 입에선 멎지 않고
맑고 고운 노래 흘려 나오누나.
너희들의 재깔대는 말소리
그리도 기쁨에 차 밝고,
너희들의 발걸음
그리도 흥에 겨워 가볍구나.

아이들아, 너희들 어서
그 밝은 말들로 실컷 떠들며
그 맑은 노래 실컷 부르며
마치도 아침날의 이슬 방울들 같이
그리도 깨끗하고 아름다운 정성들로
이 강기슭을 함뿍 적시여라.

참으로 너희들이 오늘 이렇게
웃고 떠들고 기뻐 노래 부르게 하시려
한 사십 년 먼 지난날에
너희들과 같은 나이의 원수님이
여기서 강을 건너 가시였단다.

나이 어리신 원수님은
여기서 강을 건너 가시였단다.
굶어서 눈이 패운 늙은이들과
배고파 우는 어린아이들과
누더기 보따리며
바가지짝들을 들은 어른들과 같이-
우리 나라 불쌍한 동포들과 같이.

원수님은 어리시나 아시였단다.
이들에게서 정든 고향을 빼앗고
이들을 제 나라에서 쫓아 내는
그 악독한 원쑤들이 누구들임을.

이 때 원수님은 원쑤들에 대한 증오로
그 작으나 센 주먹 굳게 쥐여지시고
그 온 피'대 높게, 뜨겁게 뛰놀며
그 가슴 속에 터지듯 불끈
맹세 하나 솟아 올랐단다-
≪빼앗긴 내 나라 다시 찾기 전에는
내 이 강을 다시 건너지 않으리라≫

어리신 원수님은 바람 찬 남의 나라 땅에서
밤 새워 읽고 쓰고 공부하실 때에도
산에서 강에서 동무들을 지도하실 때에도
그리고 총 들고 원쑤들과 싸우실 때에도
이 맹세 낮이나 밤이나
가슴 속 깊이깊이 안고 계시였단다.

아이들아 생각하고 또 생각하라
천 번 만 번 생각하고 또 생각하자—
어리신 원수님의 이 큰 맹세 이루어져서
오늘 너희들에겐 자랑스러운 나라가 있음을
마음 대로 공부할 학교들이 있음을
그리고 학자로도 기사로도 작가로도 될
넓고 빛나는 장래가 있음을,

그러나 아이들아 잊지 말자
자다가 꿈 속에서도 잊지 말자—
이 크나큰 맹세 이루우시려
우리의 원수님은 오래고 오랜 세월
더할 수 없는 고난 다 겪으시였음을,
그리고 원수님의 고난이 그리도 컸음으로 하여
너희들의 행복이 그리도 귀한 것임을.

이 이른 아침날
이 강기슭에
아이들아, 너희들은 기쁨에 차

나무 심고 꽃 가꾸고
돌 옮기고 길 닦누나,
너희들의 아버지 원수님의
그 어린 시절에 영광 돌리려
그 어린 가슴 속 맹세에 감사 드리려

그리고 천 년 만 년 두고두고
너희들의 뒤로 또 그 뒤로, 또 그 뒤로
이 나라에 태여날 많고 많은 아이들의
이 세상 그 어나 나라 아이들보다도
가장 행복한 아이들의
맨맨 앞에서, 그리고 맨 먼저
어리신 원수님의 크나큰 맹세를 자랑하고저.

— 『아동문학』(1962.5)

---

[1] 패운 : 움푹 들어간.

생애연보生涯年譜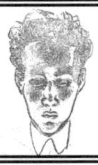

1912년(1세) 7월 1일 평안북도 정주군 갈산면 익성동에서 부친 백용삼(白龍三)과 모친 이봉우(李鳳宇)의 장남으로 태어남. 본명은 기행(夔行). 부친 백용삼은 한국 사진계의 초기 인물로 『조선일보』의 사진반장을 지냈으며, 퇴임 후에는 귀향하여 정주에서 하숙을 침.

1918년(7세) 오산소학교 입학.

1924년(13세) 오산학교 입학.

1929년(18세) 오산고보(오산학교의 바뀐 이름) 졸업.

1930년(19세) 조선일보의 신년현상문예에 단편소설 「그 모(母)와 아들」이 당선되어 등단. 같은 해 3월 동향 출신의 방응모가 경영하는 조선일보사의 장학생으로 선발되어 동경의 청산(靑山/아오야마)학원에서 영문학을 공부함.

1934년(23세) 청산학원 졸업. 귀국 후 조선일보사에 입사. 출판부에 소속되어 계열의 잡지 『여성』의 편집을 맡아 일함.

1935년(24세) 8월 30일 시 「정주성(定州城)」을 조선일보에 발표하면서 시인으로 활동함. 조선일보사에서 창간한 종합지 『조광(朝光)』의 편집을 맡아 일함.

1936년(25세) 1월 20일 시집 『사슴』을 200부 한정판으로 발간함. 1월 29일 서울 태서관(太西館)에서 개최한 출판기념회의 발기인은 안석영(安夕影), 함대훈(咸大勳), 홍기문(洪起文), 김규택(金圭澤), 이원조(李源朝), 이갑섭(李甲燮), 문동표(文東彪), 김해균(金海均), 신현중(愼弦重), 허준(許俊), 김기림(金起林) 등 11명. 4월에 조선일보사를 사직하고 함경남도 함흥에 있는 영생여고보의 영어 교사로 부임함. 이 무렵 함흥에 와 있던 조선 권번 출신의 기생 김진향을 만남. 김진향에게 '자야(子夜)'라는 아호를 지어줌.

1938년(27세) 영생고보를 그만두고 다시 서울로 돌아와서 활동함.

1939년(28세) 조선일보에 재입사하여 『여성』의 편집을 하다가 그만두고 연말에 만주의 신찡(新京, 현재 지명 長春)으로 떠남. 신경시 동삼마로 시영주택의 황씨방에 거처함. 만주국 국무원 경제부에서 잠시 근무함.

1940년(29세) 토마스 하디의 장편 소설 『테스』를 서울 조광(朝光)사에서 번역 출간함. 출판 관계차 서울을 다녀감.

1941년(30세) 생계를 위해 측량보조원, 측량서기, 소작인 등의 일을 함.

1942년(31세) 만주의 안동에서 세관 업무에 종사함. 러시아 작가 바이코프의 작품 「밀림유정」 등을 번역함.

1945년(34세) 해방과 더불어 귀국함. 신의주에 잠시 거주하다가 평북 정주로 귀향함. 이윤희와 결혼하여 삼남 이녀를 둠.

1947년(36세) 문학예술총동맹 제4차 중앙위원회 외국문학분과원으로 임명됨. 러시아 작가 시모노프의 『낮과 밤』, 솔로호프의 『그들은 조국을 위해 싸웠다』를 번역 출간함.

1948년(37세) 파데예프의 『청년근위대』 번역함.

1949년(38세) 솔로호프의 장편 『고요한 돈강 1』을 번역 출간함.

1950년(39세) 솔로호프의 장편 『고요한 돈강 2』 간행.

1956년(45세) 「동화문학의 발전을 위하여」 등 아동문학에 관련된 글을 발표함. 10월에 열린 제2차 작가대회에서 『문학신문』 편집위원이 됨.

1957년(46세) 4월에 동화시집 『집게네 네 형제』를 발간함. 『아동문학』 4월호에 「멧돼지」 외 3편의 동시를 발표하여 아동문학 논쟁을 촉발시킴. 「아동문학의 협소화를 반대하는 위치에서」를 발표함.

1958년(47세) 8월에 「사회주의적 도덕에 대한 단상」을 발표함.

1959년(48세) 1월 「붉은 편지」 사건으로 평양에서 추방되어 삼수군 관평리에 있는 국영협동조합에서 양치기 일을 함. 시 「이른 봄」 등 7편을 『조선문학』에 발표함.

1960년(49세) 12월 『조선문학』에 시 「전별」 등 2편을 발표함.

1961년(50세) 12월 마지막 시 「돌아온 사람」 등 3편을 『조선문학』에 발표함.

1962년(51세) 5월 『아동문학』에 김일성 찬양시 「나루터」 발표
           10월 무렵 북한 문화계 전반에 내려진 복고주의 비판으로 일체의 창작활동을 중단함.

1995년(84세) 1월 84세를 일기로 사망한 것으로 알려짐.

* 사망 연도는 송준에게 보낸 부인 이윤희의 편지 글에 의해 밝혀진 것임. 편지와 함께 가족사진과 인민증에 붙어 있던 1980년대 백석사진이 「동아일보」(2001년 4월 30일자)에 공개되었음.

작품연보作品年譜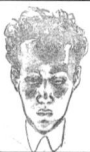

작품명	발표지	발표연도	비고
定州城^{정주성}	朝鮮日報	1935.8.30	『사슴』에 재수록
山地^{산지}	朝光	1935.11	『사슴』에 「삼방三防」으로 수록
酒幕^{주막}	朝光	1935.11	『朝光』1권 1호(창간호)
비	朝光	1935.11	
나와 지렝이	朝光	1935.11	
늙은 갈대의 獨白^{독백}	朝光	1935.11	'백정(白汀)'이라는 이름으로 발표된 작품
여우난곬族^족	朝光	1935.12	『사슴』에 재수록
統營^{통영}	朝光	1935.12	『사슴』에 재수록
힌밤	朝光	1935.12	『朝光』1권 2호
古夜^{고야}	朝光	1936.1	『사슴』에 재수록
가즈랑집	『사슴』	1936.1.20	'얼룩소새끼의영각' 部에 수록
여우난곬族^족	『사슴』	1936.1.20	'얼룩소새끼의영각' 部에 수록
고방	『사슴』	1936.1.20	'얼룩소새끼의영각' 部에 수록
모닥불	『사슴』	1936.1.20	'얼룩소새끼의영각' 部에 수록
古夜^{고야}	『사슴』	1936.1.20	'얼룩소새끼의영각' 部에 수록
오리망아지토끼	『사슴』	1936.1.20	'얼룩소새끼의영각' 部에 수록
初冬日^{초동일}	『사슴』	1936.1.20	'돌덜구의물' 部에 수록
夏畓^{하답}	『사슴』	1936.1.20	'돌덜구의물' 部에 수록

酒幕^{주막}	『사슴』	1936.1.20	'돌덜구의물' 部에 수록
寂境^{적경}	『사슴』	1936.1.20	'돌덜구의물' 部에 수록
未明界^{미명계}	『사슴』	1936.1.20	'돌덜구의물' 部에 수록
城外^{성외}	『사슴』	1936.1.20	'돌덜구의물' 部에 수록
秋日山朝^{추일산조}	『사슴』	1936.1.20	'돌덜구의물' 部에 수록
曠原^{광원}	『사슴』	1936.1.20	'돌덜구의물' 部에 수록
힌밤	『사슴』	1936.1.20	'돌덜구의물' 部에 수록
靑枾^{청시}	『사슴』	1936.1.20	'노루' 部에 수록
山^산비	『사슴』	1936.1.20	'노루' 部에 수록
쓸쓸한 길	『사슴』	1936.1.20	'노루' 部에 수록
柘榴^{석류}	『사슴』	1936.1.20	'노루' 部에 수록
머루밤	『사슴』	1936.1.20	'노루' 部에 수록
女僧^{여승}	『사슴』	1936.1.20	'노루' 部에 수록
修羅^{수라}	『사슴』	1936.1.20	'노루' 部에 수록
비	『사슴』	1936.1.20	'노루' 部에 수록
노루	『사슴』	1936.1.20	'노루' 部에 수록
절간의소이야기	『사슴』	1936.1.20	'국수당넘어' 部에 수록
統營^{통영}	『사슴』	1936.1.20	'국수당넘어' 部에 수록
오금덩이라는곧	『사슴』	1936.1.20	'국수당넘어' 部에 수록
柿崎^{가키사키}의 바다	『사슴』	1936.1.20	'국수당넘어' 部에 수록
定州城^{정주성}	『사슴』	1936.1.20	'국수당넘어' 部에 수록
彰義門外^{창의문외}	『사슴』	1936.1.20	'국수당넘어' 部에 수록
旌門村^{정문촌}	『사슴』	1936.1.20	'국수당넘어' 部에 수록
여우난곬	『사슴』	1936.1.20	'국수당넘어' 部에 수록
三防^{삼방}	『사슴』	1936.1.20	'국수당넘어' 部에 수록
統營^{통영}	조선일보	1936.1.23	
오리	朝光	1936.2	
연자ㅅ간	朝光	1936.3	
黃日^{황일}	朝光	1936.3	
湯藥^{탕약}	詩와 小說	1936.3	
伊豆國湊街道^{이즈쿠니노미나토카이도}	詩와 小說	1936.3	
昌原道^{창원도} : 南行詩抄^남	朝鮮日報	1936.3.5	

작품 연보 401

행시초1			
統營^{통영}： 南行詩抄^{남행시초}2	朝鮮日報	1936.3.6	'서병직徐丙織氏에게'라는 구절이 부기되어 있음
固城街道^{고성가도}： 南行詩抄^{남행시초}3	朝鮮日報	1936.3.7	
三千浦^{삼천포}： 南行詩抄^{남행시초}4	朝鮮日報	1936.3.8	
北關^{북관}	朝光	1937.10	(함주시초)
노루	朝光	1937.10	(함주시초)
古寺^{고사}	朝光	1937.10	(함주시초)
膳友辭^{선우사}	朝光	1937.10	(함주시초)
山谷^{산곡}	朝光	1937.10	(함주시초)
바다	女性	1937.10	
丹楓^{단풍}	女性	1937.10	'가을의 表情표정'란에 실린 글
秋夜一景^{추야일경}	三千里文學	1938.1	
山宿^{산숙}	朝光	1938.3.	(山中吟^{산중음})
饗樂^{향악}	朝光	1938.3	(山中吟^{산중음})
夜半^{야반}	朝光	1938.3	(山中吟^{산중음})
白樺^{백화}	朝光	1938.3	(山中吟^{산중음})
나와 나타샤와 힌당나귀	女性	1938.3	
夕陽^{석양}	三千里文學	1938.4	
故鄕^{고향}	三千里文學	1938.4	
絶望^{절망}	三千里文學	1938.4	
개	현대조선문학선집	1938.4	조선일보사 출판부 간행
외가집	현대조선문학선집	1938.4	
내가생각하는것은	女性	1938.4	
내가이렇게외면하고	女性	1938.5	
三湖^{삼호}	朝光	1938.10	(물닭의 소리)
物界里^{물계리}	朝光	1938.10	(물닭의 소리)
大山洞^{대산동}	朝光	1938.10	(물닭의 소리)
南鄕^{남향}	朝光	1938.10	(물닭의 소리)
夜雨小懷^{야우소회}	朝光	1938.10	(물닭의 소리)

꼴두기	朝光	1938.10	(물닭의 소리)
가무래기의 樂^낙	女性	1938.10	
멧새 소리	女性	1938.10	
박각시 오는 저녁	조선문학독본	1938.10	朝光사 간행(백석·방응모 편)
넘언집 범같은 노큰마니	文章	1939.4	
童尿賦^{동뇨부}	文章	1939.6	
安東^{안동}	朝鮮日報	1939.9.13	
咸南道安^{함남도안}	文章	1939.10	
球場路^{구장로} : 西行詩抄^{서행시초}1	朝鮮日報	1939.11.8	
北新^{북신} : 西行詩抄^{서행시초}2	朝鮮日報	1939.11.9	
八院^{팔원} : 西行詩抄^{서행시초}3	朝鮮日報	1939.11.10	
月林^{월림}장 : 西行詩抄^{서행시초}4	朝鮮日報	1939.11.11	
木具^{목구}	文章	1940.2	
수박씨, 호박씨	人文評論	1940.6	
北方^{북방}에서 : 鄭玄雄^{정현웅}에게	文章	1940.7	
許俊^{허준}	文章	1940.11	
『호롱꽃 초롱』 序詩^{서시}	『호롱꽃 초롱』	1941.1	姜小泉^{강소천} 동시집 축시
歸農^{귀농}	朝光	1941.4	
국수	文章	1941.4	
힌 바람벽이 있어	文章	1941.4	
촌에서 온 아이	文章	1941.4	
澡塘^{조당}에서	人文評論	1941.4	
杜甫^{두보}나 李白^{이백} 같이	人文評論	1941.4	
머리카락	每日新報	1942.11.15	김종한의 「조선시단의 진로」에 삽입
山^산	새한민보	1947.11	
적막강산	신천지	1947.12	허준이 소장해온 시를 발표한다는 부기 있음
마을은 맨천 구신이 돼서	新世代	1948.5	허준이 소장해온 시를 발표

			한다는 부기 있음
七月^{칠월} 백중	文章	1948.10	허준이 소장해온 시를 발표한다는 부기 있음
南新義州柳洞朴時逢方^남 신의주 유동 박시봉방	學風	1948.10	
병아리싸움	재건타임즈	1952.8.11	
까치와 물까치	아동문학	1956.1	
지게게네 네 형제	아동문학	1956.1	
집게네 네 형제	『집게네 네 형제』	1957.4	조선작가동맹출판사
우레기	아동문학	1956.12	
굴	아동문학	1956.12	
계월향 사당	문학신문	1957.1.24	
쫓기달래	『집게네 네 형제』	1957.4	
오징어와 검복	『집게네 네 형제』	1957.4	
개구리네 한솥 밥	『집게네 네 형제』	1957.4	
귀머거리 너구리	『집게네 네 형제』	1957.4	
산골총각	『집게네 네 형제』	1957.4	
어리석은 메기	『집게네 네 형제』	1957.4	
가재미와 넙치	『집게네 네 형제』	1957.4	
나무 동무 일곱 동무	『집게네 네 형제』	1957.4	
말똥굴이	『집게네 네 형제』	1957.4	
배군과 새 세 마리	『집게네 네 형제』	1957.4	
준치가시	『집게네 네 형제』	1957.4	
소나기	아동문학	1956.8	- 『소년단』 8월호, 민주청년사 - 박태일, 「백석의 새 발굴 작품 셋과 사회주의 교양」, 『비평문학』 57(2015.9) 재인용
메'돼지	아동문학	1957.4	
강가루	아동문학	1957.4	
기린	아동문학	1957.4	
산양	아동문학	1957.4	
감자	평양신문	1957.7.19	
등고지	문학신문	1957.9.19	

제3인공위성	문학신문	1958.5.22	
이른 봄	조선문학	1959.6	
공무 려인숙	조선문학	1959.6	
갓나물	조선문학	1959.6	
공동식당	조선문학	1959.6	
축복	조선문학	1959.6	
하늘 아래 첫 종축 기지에서	조선문학	1959.9	
돈사의 불	조선문학	1959.9	
눈	조선문학	1960.3	
전별	조선문학	1960.3	
오리들이 운다	아동문학	1960.5	
송아지들은 이렇게 잡니다	아동문학	1960.5	
앞산 꿩, 뒤'산 꿩	아동문학	1960.5	
천 년이고 만 년이고…	『당이 부르는 길로』	1960.10	조선 로동당 창건 15주년 기념시집 수록
탑이 서는 거리	조선문학	1961.12	
손벽을 침은	조선문학	1961.12	
돌아온 사람	조선문학	1961.12	
석탄이 하는 말	새날의 노래	1962.3	
강철 장수	새날의 노래	1962.3	
사회주의 바다	새날의 노래	1962.3	
조국의 바다여	문학신문	1962.4.10	
나루터	아동문학	1962.5	

■ 증보판 후기 ■

증보판을 간행하며

　백석 탄생 100년의 해였던 2012년 서정시학은 『백석 문학전집 1-시』, 『백석 문학전집 2- 산문·기타』를 간행했다. 분단 후 발표한 시는 물론 산문까지를 망라한 『백석 문학전집 1, 2』의 획기적인 간행 후에도 백석의 작품집과 연구서 발간이 잇달았다. 번역 작품을 비롯한 백석 문학 작품들은 그 전모가 아직 다 밝혀지지 않은 텍스트이다. 서정시학에서는 이를 주도적으로 발굴해왔으며 앞으로도 지속적인 발굴 간행 작업을 진행할 것이다.
　이번 증보판 『백석 문학전집 1-시』에는 북한문단에서 발표한 탓에 미확인으로 누락된 「병아리싸움」, 「우레기」, 「굴」, 「계월향 사당」, 「감자」 5편을 새로 추가해 완벽한 전집이 되도록 최선의 노력을 다했다. 이 과정에서 기존 전집에 나타나는 소소한 오류를 확인했으며, 몇몇 작품의 표기 형태, 오자, 띄어쓰기와 수록 출처 등을 이번 증보판에서 수정했다.
　또한 2012년 이후 추가된 연구 자료를 『백석 문학전집 2- 산문·기타』의 부록에 수록하여 후속 연구자들에게 도움이 되고자 했다.

　백석의 작품을 총 망라한 증보판을 준비하는 과정은 백석의 시가 가진 생명의 뜨거움을 느끼는 시간이자 시인 백석의 생애를 되새겨보는 시간이었다.

  오늘의 독자들에게 백석 문학 작품이 더 많이 읽혀져 그의 불행한 노년이 조금이라도 위로되기를 기원한다.

2014년 초봄
이동순, 김문주, 최동호
서정시학 백석문학전집 편집위원회

각주 정정 대조표

구분	제목	1차	2차
『사슴』 이전의 시	늙은 갈대의 獨白(독백)	입닢 : 대롱이처럼 구멍이 있는 줄기잎	잎닢 : 잎잎. 풀잎피리. 두 입술 사이에 풀잎을 대거나 물고 부는 것.
			강다리ㅅ배 : 강 다릿배. 다릿배는 종아리의 함남방언으로 강의 부룩한 곳.
		갈나발 : 갈잎으로 만든 나발	갈나발 : 갈잎으로 만든 피리.
		벼름질 : 무엇을 일정한 비례에 따라 여러 몫으로 고르게 나누어주는 일	-벼름질 : 베름질. 날을 날카롭게 가는 행위
			벼슬 : 존칭의 대체어. 베다의 존칭. 홍역이나 마마는 치명적인 병이었다. 두창을 마마라 한 것은 최상의 존칭을 뜻하듯이 홍역이나 마마를 앓는 아이에게 벼슬을 한다고 말했다. 직접적으로 말을 하면 부정 탈까봐 존칭을 써서 표현했는데 이 경우 산에도 산신령이 있어 자르거나 벤다는 것은 노여워할지 몰라 벼슬 간다고 한 듯하다.
시집 『사슴』 (1936.1)	가즈랑집	놓는 : 기르는	못놓는 : 놓아 키우지 못하는.
			슳버 : '슳다'는 '슬퍼하다'의 옛말.

		신장님 달련이라고 하는: 귀신 가운데 무력을 맡은 신장(神將)님이 단련시키는 것이라고 하는.	신장님 달련이라고 하는: 귀신 가운데 무력을 맡은 신장(神將)님이 시달리게 한다는.
		물구지우림 : 물구지무릇의 뿌리를 우려내어 엿처럼 고아낸 음식	물구지우림 : 물구지(애기물구지)를 달인 물.
		동굴네우림 : 둥글레의 뿌리를 오래 우려내어 만든 음식	동굴네우림 : 둥글레의 뿌리를 달인 물.
	여우난곬族족		별자국 : 마마자국.
			솜솜 : 얼굴에 잘고 얕게 얽은 자국이 듬성듬성 있다.
		토방돌 : 토방에 쌓았거나 토방을 쌓기 위한 돌	토방돌 : 댓돌.
	고방	둑둑이 : 수두룩이 무리를 지어 여러 덩이가 늘어서 있는 모양.	둑둑이 : 두둑이. 두두룩이. 불룩하도록 풍부하고 넉넉하게.
	모닥불	갓사돈 : 새사돈	갓사돈 : 갓사돈 또는 가시사돈. 새롭게 맺은 사돈 또는 여자 쪽 사돈
	古夜고야	노나리꾼 : 소를 밀도살하는 사람.	노나리군 : 노라리꾼, 건달.
		곱새담 : 풀이나 짚을 엮어 만든 이엉을 얹은담	곱새담 : ㅅ자 형으로 풀이나 짚을 엮어 만든 이엉을 얹은 담.
			무르끓고 : 음식 따위가 흐무러질 정도로 끓고.
			쥔두기송편 : 주먹을 쥔 모양의 송편.
		진상항아리 : 귀한 물건을	진상항아리 : '허름하고 보

증보판을 간행하며 409

		담아두는 항아리	잘것없는 항아리'가 원 뜻이지만 시의 전후 문맥상 '귀한 물건을 담아두는 항아리'로 읽힘.
	오리망아지토끼	동비탈 : 동쪽의 비탈	동비탈 : 동비탈 : 동둑(크게 쌓은 둑)의 비탈.
	夏畓^{하답}	짝새 : 뱁새 박새과에 속한 작은새	짝새 : 딱새. 딱샛과의 새를 통틀어 이르는 말.
	酒幕^{주막}	八^팔모알상 : 테두리가 팔각으로 만들어진 개다리소반.	八^팔모알상 : 팔모상. 돌상을 '백완반^{百玩盤}'이라고 하였는데 그 형태는 알 수 없으나 후세에 돌잔치 때 쓰인 상으로서 팔모상이 전해온다. 팔모상은 윗면과 거기에 붙은 다리까지 8각으로 되어 있다. 다리의 각 면에는 선자무늬, 칠보무늬, 완자무늬 같은 것을 뚫어 새겨 장식하였다. 팔모양은 다른 상에 비하여 윗면이 넓으나 상의 높이는 낮다. 주로 돌맞이 때 쓰였으므로 일명 돌상이라고도 불리었다.
	城外^{성외}	그느슥한 : 여위고 희미한 어두침침하거나 기색이 약한 상태를 이르는 말	그느슥한 : 그늑하다. 끄느름하다의 평북방언 날이 흐리어 어둠침침하다.
	秋日山朝 추일산조	섶구슬 : 구슬댕댕이 나무의 열매	섶구슬 : 구슬. 섶은 작은 나무. 열매를 구슬로 표현. 즉, 작은 나무의 열매.
	柘榴^{석류}	자류^{柘榴} : 석류	柘榴 : 석류. '柘'는 한국어에서 산뽕나무를 뜻하지만 일본어에서는 석류나무를 뜻함. 정지용의 시 「柘榴」나 백석의 「柘榴」는 일본에 있을 때 씌어진 것이므로 석류

				로 읽는 것이 적절함.
	女僧^{여승}	가지취 : 참취나물.		가지취 : 취 종류의 하나.
	修羅^{수라}	어니젠가 : 어느 사이엔가		어니젠가 : 언젠가.
	旌門村^{정문촌}			갈지자들을웃었다 : 之之旌門 : 정문은 충신, 효자, 열녀들을 표창하기 위하여 그 집 앞에 세우던 붉은 문인데, '지지'는 더러운 것을 이르는 어린아이의 말이며, 시에서는 "몬직 겹겹이앉은"과 호응하며 웃음을 자아내게 한 듯하다.
제3부 『사슴』 이후의 시	統營^{통영}	호루기 : 쭈꾸미와 비슷하게 생긴 해산물		호루기 : 호래기. 꼴두기젓. 전남에서는 고록젓 또는 꼬락젓이라고 하며, 전북에서는 꼬록젓, 경남에서는 호래기젓, 황해도에서는 꼴띠기젓, 평북에서는 홀째기젓이라고 부른다.
		돌각담 : 돌을 모아놓은 큰 돌무더기, 혹은 다듬지 않은 돌로 쌓아올린 담.		돌각담 : 막돌을 그대로 쌓아 올리고 틈서리에 잔돌을 끼워 쌓아 올린 담.
	오리	밑께 : 무렵.		밑께 : 어떤 날이 되기 바로 전 무렵.
	탕약	밭아놓은 : 건더기와 액체가 섞인 것을 체 같은 데 걸러 액체만을 따로 받아놓은.		밭아놓은 : 약 보자기에 꼭 짜 액체만을 따로 받아놓은.
	昌原道^{창원도}	땃불 : 땅불. 땅에 아무렇게나 붙여놓은 불.		따ㅅ불 : 모닥불. 잎나무나 검불 따위를 모아 놓고 피우는 불.
	統營^{통영}	가수내 : 지명.		가수내 : 지명 또는 '가시내'의 방언

증보판을 간행하며 411

	固城街道^{고성가도}	건반밥 : 찐 찹쌀을 말려 부수거나 빻은 가루로 산자나 강정 따위에 묻혀 먹는 세반(細飯).	건반밥 : 강정 따위를 만들기 위해 찐 찹쌀을 말린 밥. 마른 밥.
	三千浦^{삼천포}	재릿재릿하니 : '자릿자릿하니'의 작은 말. 자극을 받아 흥분되고 떨리는 듯한.	재릿재릿하니 : '꽤 간지러운 듯한'의 북한어.
	古寺^{고사}	공양주 : 절에서 밥 짓는 일을 주로 하는 사람.	공양주 : 절에 시주하는 사람 또는 절에서 밥 짓는 일을 하는 사람.
		성궁미 : 부처에게 공양하는 쌀.	성궁미 : 성궁=칠성굿의 평북방언. 칠성신을 모시는 굿에 쓰는 쌀
		농마루 : 용마루. 지붕 가운데 부분에 있는 가장 높은 수평 마루.	마룻보. 대들보 위의 동자기둥 또는 고주(高柱)에 얹혀어 중도리와 마룻대를 받치는 들보.
	膳友辭^{선우사}	나조반 : 장방형의 상床.	나주반. 나주에서 생산된 전통 소반.
		세괏은 : '억센'의 평북 방언.	세괏은 : 세고 괄괄한, 세괄다는 '세고 괄괄하다'의 북한어.
	山谷^{산곡}	돌각담 : 돌을 모아놓은 큰 돌무더기, 혹은 다듬지 않은 돌로 쌓아올린 담.	돌각담 : 막돌을 그대로 쌓아 올리고 틈서리에 잔돌을 끼워 쌓아 올린 담.
	丹楓^{단풍}	깨옷듬이 : 비스듬히.	깨웃듬이 : 깨우두룸하다. 갸우스름하다의 평북방언. 소금 갸울러진 듯하다.
	山宿^{산숙}	들믄들믄 : 시골 농가의 방에 군불을넣었을 때 훈훈한 느낌이 들면서 한편으로 들쿠레한 냄새가 나는 상태.	들믄들믄 : 들믄하다. '불을 많이 때어 온돌방이 지독하게 덥다'의 평북 방언.

	饗樂향악	쩌락쩌락 : '짜락짜락'의 큰말. '짜락짜락'은 손뼉을 힘 있게 잇달아 치는 소리.	쩌락쩌락 : 차진 떡을 칠 때에 메가 떨어지면서 내는 소리.
	외가집	보득지근한 : 보드랍고 매끄러운.	보득지근한 : 털이 짧고 숱이 많아 보드랍고 매끄러워 보이는.
	三湖삼호	허리도리 : 허리둘레. '도리'는 '둥근 물건의 둘레'를 뜻함.	허리도리 : 허리두리. 허리둘레. '두리'는 '둘레'의 북한어.
	夜雨小懷야우소회	바구지꽃 : 박꽃.	바구지꽃 : '미나리아재비'의 북한어. 미나리아재비 꽃.
		자개짚세기 : 작고 예쁜 조개껍데기들을 짚신에 그득히 담아둔 것.	자개집섹이 : 오목하게 들어간 짚신. '자개' 겨드랑이나 오금 양쪽의 오목한 곳의 평안방언.
	가무래기의 樂낙	뒷간거리 : 뒷거리.	뒷간거리 : 뒷골목. 큰 길 뒤쪽으로 난 거리.
	넘언집 범 같은 노큰마니		싸리갱이 : 싸릿개비의 북한어.
	咸南道安함남도안	달가불시며 : 작은 것이 자꾸 까불며.	달가불시며 : 호들갑을 떨며
		七星칠성고기 : 칠성장어.	七星칠성고기 : 칠성괴기. 뱀장어의 함경방언.
		쨋쨋하니 : 소리가 맑고 높은	쨋쨋하니 : 짯짯하다. 소리가 높고 새되다.
	球場路구장로	비멀이한 : 비에 흠뻑 젖은.	비멀이한 : '비머리하다'는 순우리말로 온몸이 비에 흠뻑 젖다.
	木具목구	신뚝 : 방이나 마루 앞에 신발을 올리도록 놓아둔 돌	신뚝 : 신주. 죽은 사람의 이름과 죽은 날짜를 적어 붙이

			는 나무패.
		매연지난 : 매년 지낸.	매연지난 : 매연(昧緣) 사물의 인연이 끝난.
	北方^{북방}에서	오로촌: 오로촌Orochon족. 중국 동북 지방에 거주하는 소수 민족의 하나.	오로촌 : 오로촌Orochon족. 에벤크족. 시베리아와 중국 북부에 사는 민족이다. 러시아에서는 한때 오로촌족과 함께 퉁구스(Tungus)로 불렸는데, 이는 야쿠트족 말로 타타르족을 이르는 말이다.
		쏠론 : 솔론Solon족. 중국 동북 지방에 거주하는 소수 민족의 하나.	쏠론 : 솔론Solon족. 아무르강의 남쪽에 분포하는 남방 퉁구스족의 한 분파.
	歸農^{귀농}		디퍽디퍽 : '더퍽더퍽.' 앞을 자세히 살펴보지 않고 자꾸 마구 걸어가는 모양의 북한어.
	힌 바람벽이 있어	바구지꽃 : 박꽃.	바구지꽃 : 미나리아재비꽃.
		짝새 : 뱁새.	짝새 : 딱새.
	촌에서 온 아이		징기징기 : 엉기정기. 질서 없이 여기저기 벌여 놓은 모양.
			썩심하니 : 썩 심하게.
			쓰렁쓰렁 : 일을 정성껏 하지 않는 모양.
	杜甫^{두보}나 李白^{이백}같이	가업집 : 가업(家業)으로 운영하는 집.	가업집 : 가압집. 떡가압집. '떡집(떡을 만들어 파는 집)'의 평북방언. 여기서는 떡국 가압집. 떡국집.
	머리카락	빗덥 : 빗살 사이.	빗덥 : 빗접. 빗, 빗치개와 같이 머리를 빗는데 쓰는 물

			건을 넣어 두는 도구.
	七月^{칠월}백중	꼬둘채 댕기 : 가늘고 길게 만든 빳빳하게 꼬드러진 감촉의 댕기.	꼬둘채 댕기 : 머리 위에 꽂는 장식으로 가늘고 길게 만든 빳빳한 감촉의 댕기.
		무썩무썩 : 땀이 많이 나는 모양.	무썩무썩 : 부썩부썩. 마른 물건이 가볍게 부스러질 정도로 건조한.
제4부 분단 이후의 동시・동화시	개구리네 한솥 밥	디펔디퍽: '지벅지벅'의 방언. '길이 어둡거나 험하여 잘 보이지 않거나 다리에 힘이 없어서 서투르게 휘청거리며 걷는 모양을 뜻하는 말.	디퍽디퍽 : 더펄더펄. 앞을 자세히 살펴보지 않고 자꾸 마구 걸어가는 모양의 북한어.
		잦히다: '잦다'의 사동사. '잦다'는 '액체가 속으로 스며들거나 점점 졸아들어 없어지다'는 뜻. 여기에서는 밥 한솥을 만들었다는 의미이다.	잦히다 : '잦다'의 사동사. 밥물이 끓으면 불의 세기를 잠깐 줄였다가 다시 조금 세게 해서 물이 잦아지게 하다. 여기에서는 뜸을 들여 밥을 지었다는 뜻.
	어리석은 메기	신차지 : 마음에 들지.	신차지 : 신이 나지.
			봇나무 : 자작나무의 북한어.
	나무 동무 일곱 동무	집지 : 찌르지. '집다'는 '짐승 따위가 이빨로 마주 누르거나 상처를 내다, 혹은 벌레가 주둥이 끝으로 살을 찌르다'의 뜻.	집지 : 이빨로 물어뜯지.
	감자		자짓빛 : 자줏빛. 자지紫地는 자주색.
제5부 분단 이후의 시	공무 려인숙		참구름 : 귀룽나무의 일종.
	공동식당		쵀뚝 : 밭둑의 평안방언.

	하늘 아래 첫 종축 기지에서		삼배 : 산배, 똘배.
			절음 : 절임.
	눈		로전결이 : 노전蘆田은 갈대가 우거진 곳.
			아맹이 : 이맹이. 이마의 제주방언.
			고로운 : 수고롭다.
	전별		우등불 : 모닥불.
	천 년이고 만 년이고…		승냔이 : 승냥이
	탑이 서는 거리		발구름 : 발굴음. 발걸음.
	사회주의 바다	골고로히 : 골고루.	골고로히 : 퍽 고르다.